우리는 왜
극단에 서는가

POLARISATION by Bart Brandsma
Copyright © 2017 by Inside Polarisation VOF All rights reserved.
No part of this book may be used or reproduced in any manner whatsoever without written permission except in the case of brief quotations embodied in critical articles or reviews.

Korean Translation Copyright ⓒ 2024 by HANSMEDIA
Korean edition is published by arrangement with Inside Polarisation VOF
through Imprima Korea Agency

이 책의 한국어판 저작권은 Imprima Korea Agency를 통해
Inside Polarisation VOF와의 독점 계약으로 한즈미디어(주)에 있습니다.
저작권법에 의해 한국 내에서 보호를 받는 저작물이므로 무단전재와 무단복제를 금합니다.

POLARISATION

다른가 아니면 같은가?

우리는 왜 극단에 서는가

우리와 그들을 갈라놓는 양극화의 기묘한 작동 방식

바르트 브란트스마 지음 | 안은주 옮김

한스미디어

일러두기

* 본문의 각주는 역자가 독자의 이해를 돕기 위해 단 주석이다.
* 이 책은 클라스 반 에흐몬트Klaas van Egmond의 《Een vorm van beschaving문명의 한 형태》 (Christofoor, 2010)에서 49페이지, 75페이지, 120페이지에 실린 사분면 그림을 차용했음을 밝힌다. 카트린 길덴스테드Cathrine Gyldensted의 《From Mirrors to Movers거울에서 행동으로》 (GGroup Publishing, 2015)와 바르트 브란트스마의 《De hel, dat is de ander. Het vershil in denken van moslims en niet-moslims진리와 진실성, 이슬람 사상과 비이슬람 사상 간의 차이》 (BB in Media, 2016)를 참고했음을 밝힌다.

한국의 독자들에게

제 책이 한국어로 번역 출판된다는 소식을 듣고 적지 않게 놀랐습니다. 물론 양극화의 역학이 어느 문화나 국가를 막론하고 불가피하다는 점을 잘 알고 있습니다. '우리 vs. 그들'이라는 이분법적 사고방식은 보편적으로 나타나는 현상이기 때문입니다. 하지만 왜 하필 아시아 국가에서 양극화의 기본 법칙, 양극화 대응, 양극화를 다루는 새로운 접근법을 배우려고 하는 것일까요? 처음에는 놀랐습니다. 그러나 곧 제 생각이 짧았다는 것을 알 수 있었습니다. 한반도에 그어진 경계선을 고려해볼 때, 이곳에 사는 사람들은 '우리 vs. 그들'이라는 분열을 느낄 수밖에 없을 것입니다. 한국의 독자들이 높은 관심을 가지는 것은 아주 당연합니다.

이런 쪽으로 많은 경험을 감내한 일부 국가는 자신들 스스로가 양극화 전문가라고 여기기에 충분합니다. 우리 모두 알 수 있을 정도입니다. '우리 vs. 그들'이라는 사고방식(양극화의 핵심)은 그들 역사의 일부이며, 언뜻 보아도 그들 운명의 한자리를 차지하고 있기 때문입니다. 이스라엘(아랍 vs. 유대인들), 북아일랜드(개신교도와 가톨릭교도 간의 충돌), 남아프리카(흑인과 백인이 보여준 오랜 반목의 역사), 미국(민주당 vs. 공화당) 등이 여기에 포함됩니다. 그런데 한국이야말로 그 전형적인 예에 속합니다. 서양과 동양의 충돌뿐 아니라 문자 그대로 남과 북이 대립하는 나라입니다.

여러분에게 저는 일개 외국인에 불과하지만, 저는 한국에서 보편적인 양극화 역학이 어떻게 작용하는지, 북한과의 대립뿐 아니라 내부적으로 어떻게 작용하는지에 매우 큰 관심이 있습니다. 이 책에 담긴 내용과 한국인들이 경험으로 얻은 전문성이 잘 조합되기를 바랍니다. 그리하여 양극화가 발생했을 때, 독자 여러분이 개인적으로 어떻게 대처할지에 대한 해답을 찾을 수 있기를 바랍니다.

분열을 극복하기 위해 노력하는 전문가들에게 이 책은 도움이 될 것입니다. 저는 그럴 것이라고 믿습니다. 그리고 언젠가는 한국에서 탈양극화가 의식적인 전략으로 전개되기를 바랍니다. 그리하여 제가 한국 지도자들의 마음속에 이 의식이 자리를 잡게 된 과정에 대해 배우게 될 날이 오길 바랍니다. 하지만 이것은 지도자에게만 국한된 것이 아닙니다. 정치는 우리가 평화롭게 공동체를 이루어 살아가는 데 필요한 여러 가지 요소 중 일부만 제공할 뿐입니다. 저는 그보다는 시민들, 예를 들어 교사, 경찰관, 시장, 언론인, 판사, 주방 식탁에 앉은 부모님들, 학교와 대학에 다니는 청소년과 학생들에게 더 큰 믿음을 갖고 있습니다. 이들이야말로 변화의 주체이기 때문입니다!

훌륭한 작업을 해주신 출판사와 번역자에게 감사드립니다. 이 책을 즐겁게 읽으시고, 여러분의 소감을 www.insidepolarisation.nl을 통해 알려주시면 감사하겠습니다.

네덜란드 스혼르부르트에서
바르트 브란트스마

프롤로그

극단에 선 사람들,
우리는 어떻게 이 문제를 해결할 수 있을까?

이 책은 중립을 유지한다. 이 책을 쓴 목적은 양극화 해결을 위한 명징한 참고서를 만들기 위해서다. 전 세계가 정치적 양극화와 극단주의로 인해 몸살을 앓고 있는 현실에서 이런 책이 꼭 필요하다고 느끼곤 했다. 사건이나 갈등 혹은 양극화 상황이 생겼을 경우, 책을 통해 상황을 명확히 바라보고 특정 부분을 참조하는 데 도움을 줄 수 있겠다는 생각이 들었다. 이 책을 쓴 이유는 그렇다.

이 책에 내가 오랜 기간 정리한 이론과 경험 그리고 적절한 도면과 개요를 담았다. 이러한 내용을 교육이나 워크숍 등 전문 실무에 적용해 양극화 문제를 전략적으로 다루고자 하는 사람이라면 누구나 이 책을 지원 도구로 쓰면 된다.

책을 쓰면서 이 인지적 틀을 처음 접하는 사람들을 위해 이어지는 형태의 이야기로 작성하고 싶었다. 이렇게 하면 독자들이 이야기의 흐름을 따라가면서 논점을 자연스럽게 파악할 수 있다. 이런 이유로 이 책이 양극화 주제를 다룬 책과 에세이, 교육과 연구 사이에서 어느 한쪽으로 치우치지 않고 중립을 유지하도록 애썼다.

이 책은 이론과 실제 사이에서 중립을 유지한다. 철학자의 한 사람으로서 르네 지라르 같은 사상가들이 이룩한 연구와 학계의 통찰을 기쁜 마음으로 차용하려고 한다. 르네 지라르는 격조 높은 통찰로 갈등하는 사람들이 어떤 동기로 그렇게 되는지를 보여주었다. 대화 훈련의 베테랑인 콜린 크레이그로부터 받은 이론적 배경 또한 이 책을 쓰는 데 큰 도움이 됐다. 콜린 크레이그는 30년간 북아일랜드 갈등 중재를 통해 필수 행동 수칙을 제공한 사람이다.

이런 이론 외에도 실무 경험이 이 책을 주로 차지한다. 나는 북아일랜드와 레바논에서 트레이너이자 컨설턴트로 일했고, 인도, 네팔, 콩고, 세르비아 등에서 일어난 갈등에 익숙하다. 특히 네덜란드에서 있었던 논의, 갈등, 양극화 상황을 익숙하게 대할 수 있다는 점으로 주목받았다. 그동안 키워온 통찰력이 전문 실무에 매우 가치가 있다는 것을 입증한 것이다.

현장에서 두 눈으로 똑똑히 보았다. 여기서 말하는 현장은 노인 돌봄, 교육, 경찰 실무, 시장과 함께했던 일들을 가리킨다. 나는 여러 사람이 보내준 고마운 반응 덕분에 시간이 지나면서 '집단지성'이라 불리는 것을 점점 더 많이 활용할 수 있었다. 내 작업을 바로잡아준 사람들은 실무자들이다. 그들이야말로 진정한 스승이나 다름없다. 지역 담당관, 경관, 경찰청장, 검사, 위기 관리자, 안전 관리자, 홍보 담당자, 대테러 전문가, 과격화 전문가, 시장, 지역 사회사업가, 돌봄 전문가, 관리자와 실무진, 기자, 만화가, 교사 교육 담당자, 강연자 등. 다 나열할 수도 없을 만큼 많다. 어쨌든 이 책이 실용서라고 자신 있게 말할 수 있다는 뜻이다.

그렇다고 이 책이 이론에서 시작해 실무로 넘어가는 책은 아니다. 이 책은 양극화가 심각하게 영향을 미친 실제 상황을 바탕으로 쓴 것이다. 2006년 나는 대화, 갈등, 양극화 관련 작업을 시작했다. 이 책은 10년간 겪은 경험의 결과다. 그간의 시간을 이렇게 제대로 정리할 수 있게 돼 무척 기쁘다.

이 책은 '중도를 지키는 법'을 다루고 있다. 모든 양극화는 3가지의 다른 인식이나 입장을 형성해 긴장을 불러일으킨다. 일반적으로 우파와 좌파라는 극단적 입장 사이에서 긴장이 형성되며, 그 사이에는 '중도'라는 중립적 입장이 존재한다. 이 책은 이 지점을 잘 활용하도록 도전장을 던지는 책이다.

중간 지점이 중요한 이유는 단순히 검은색과 흰색 사이에서 회색 영역이 더 나아서만은 아니다. 그저 양극단의 균형을 맞춰야 하기 때문만도 아니다. 그 지점으로 인해 사회가 통합되고 문명적으로 공존할 기회가 생겨서다. 중도에서 활동하는 것은 어렵지만 '중재 언어'와 '중재 행동'이라는 예술적 기술을 배울 수 있다. 나는 지도자로 일하는 사람들이 이 방법을 시도하고 성공과 걸림돌에 대해 얘기해주었으면 한다(www.polarisatie.nl). 우리에게는 당장 함께 맞서 싸워야 하는 문제가 있으니 말이다.

1부는 양극화가 보여주는 복잡한 상호 작용을 설명한다. 2부는 갈등이라는 흥미로운 현상과 갈등이 어떻게 양극화와 상호 작용하는지 보여준다. 이 둘은 형과 동생 같은 떼려야 뗄 수 없는 가족이다. 3부는 내 연구 결과를 제시하고, 양극화에 대한 전략적 해결책과 해결책에 쓰는 구체적인 도구들을 소개한다. 특히 중도에서 '버티기' 전략을 상세히 설명할 것이다.

최종 목표는 '양극화 전략'이라는 새로운 학문 분야를 개발할 수 있도록 지침을 만드는 것이다. '우리 vs. 그들'이라는 사고방식과 직면했을 때 전략적으로 생각하고 효과적으로 행동할 수 있는 능력을 구축하는 것이다. 이 일은 많은 전문가에게 중요하다. 무엇보다도 이 책이 독자에게 문제 해결에 관해 새로운 접근 방법을 찾게 도와주고, 양극화에 대한 충분한 해결책을 제공하기 바란다.

우리는 왜
극단에 서는가

Contents

한국의 독자들에게   5
프롤로그   극단에 선 사람들, 우리는 어떻게 이 문제를 해결할 수 있을까?   8

1부   양극화의 작동 방식

1장 새로운 접근 방식   19
    기본 법칙 ① 사고 구조   28
    기본 법칙 ② 연료   35
    기본 법칙 ③ 직감의 역학   40

2장 5가지 역할   45
    역할 ① 주동자   48
    역할 ② 동조자   53
    역할 ③ 방관자   59
    역할 ④ 중재자   65
    역할 ⑤ 희생양   70

2부   갈등: 양극화의 동생

3장 올바른 이해   83
    갈등의 7단계   88
    갈등 해결의 4단계   97
    양극화의 상호 작용   101

4장 인간 본성에 대한 견해   109
     다른가 아니면 같은가   110
     책임 문제   116

3부   새로운 접근 방식

5장 사회적 결속과 대화   125
     타이밍이 전부다   130
     판도를 바꾸는 4요소   146
     목표를 변경하라   148
     주제를 변경하라   154
     위치를 변경하라   158
     어조를 변경하라   164

6장 중재적인 발언과 행동   169
     진짜 문제는 무엇인가?   181

7장 긴급함, 긴급함, 긴급함   191
     과격화의 악순환   193
     새로운 저널리즘을 향해   209

에필로그   217

1부

양극화의 작동 방식

1장
새로운 접근 방식

먼저 양극화를 단순히 해결해야 할 문제로만 보지 않아야 한다는 점을 짚고 넘어가야겠다. 여기서 양극화를 세계적으로 발생하는 차별·불평등·폭력의 원인이라고 딱지를 붙이지 않아야 한다는 점이 중요하다. 양극화는 이보다 더 심각한 문제다. 이런 사회 문제를 한 방향으로만 보기 시작하면 그 현상에 포함된 여러 다른 측면을 살펴보기 힘들어진다. 그러니 모든 측면을 보기 위해서는 또 다른 더 새롭고 매혹적인 접근 방식이 필요하다. 그렇다고 해서 양극화의 심각성이나 그 결과를 못 본 척 회피하자는 뜻은 전혀 아니다.

우리는 양극화로 인해 국가와 정부 지도자들이 서로 대립한다는 사실을 알고 있다. 이해 경쟁이나 종교 분쟁, 아니면 단순히 피부색이 다르다는 이유로 전체 인구 집단이 분열될 수 있다는 사실 또한 잘 알고 있다.

양극화는 폭력적인 상황으로 쉽게 확산할 수 있다. 이로 인해 사람들이 다른 사람들을 해치고, 고통이라는 씨앗을 뿌리고, 테러를 선동하고, 살인도 저지를 수 있다. 모두가 이러한 사실을 알고 있기 때문에 굳이 설명하지는 않을 것이다. 양극화에 대해 탄탄하게 대응하는 일은 심각하고 긴급한 문제다. 나는 그 과정에서 좀 더 가벼운 접근 방식이 필요하다고 생각한다.

나는 양극화를 좀 더 깊이 헤아리는 접근 방식으로 해결책을 만들기를 원한다. 실제로 이 문제에 효과가 있기를 원한다. 그래서 철학과는 약간 거리를 두는 접근을 통해 '우리-그들' 사고방식에 새로운 개념을 제시하고, 이를 통해 색다른 기회를 창출하고자 한다.

이렇게 새로운 개념의 틀이 생기면 현시점에서 일어나는 상황을 더 잘 이해하고, 우리 역할까지도 더 잘 인식할 수 있다. 이 인식의 틀은 다음과 같은 질문을 불러일으킬 것이다.

정치인과 시민 사이에서 양극화는 어떻게 영향을 미치는가? 사람들은 무엇 때문에 '우리-그들'이라는 사고방식을 갖게 됐는가? 난민 위기는 어떻게 만들어졌으며 왜 유럽인들은 이민자들에 거부감을 보이게 됐을까? '우리-그들' 역학이 언론에 미치는 영향은 무엇인가? 사회에서 소외된 지역에 긴장 상황이 발생한 경우, 과연 양극화는 과격화된 젊은이들과 경찰들에게 어떤 영향을 미치며 그로 인해 시장은 어떤 관점을 갖게 되는가? 만약 학교에서 학생들이 흑인-백인으로 나뉘어 단편적 사고방식을 갖게 된다면, 그래서 작지만 중요한 것을 자꾸 놓친다면 교사는 대체 무엇을 어떻게 해야 하는가?

사회에서 우리-그들이라는 사고방식은 소규모, 중간 규모, 대규모 수준으로 존재한다. 이런 사실을 매체를 통해 매일 보면서도 지금까지 이를 깊이 이해하기 위한 탄탄한 틀을 갖추지 못했다. 놀랄 만한 일이지 않은가. 그러니 사고의 틀이 필요하다. 틀이 있어야 원칙과 역할뿐 아니라 장애물과 기회를 이해하는 데 도움이 된다.

물론 시중에는 갈등 현상을 다룬 유익한 책들이 많다. 그동안 갈등은 어떤 식으로 작동하는지 세부 주제별로 광범위하게 연구되어왔다. 그래서 '갈등 연구'라는 영역이 생겼다. 또 여러분은 훈련 과정을 통해 갈등 관리 기술을 배울 수 있다. '갈등 처리'라는 개념 외에도 '갈등 관리'라는 개념도 있으니 말이다.

리더나 매니저라면 갈등 현상에 대한 지식을 바탕으로 과학적 통찰력을 활용해 효과적으로 역할을 수행할 방법을 배울 수 있을 것이다. 간단히 말해 갈등 현상이 일어나는 원리와 갈등을 일으키는 주체의 심리를 깊이 들여다볼 것이다. 무엇보다 우리는 갈등에 대응하는 방법을 배워야만 한다.

그러나 양극화는 이와 다르다. 사람들은 종종 양극화를 다소 큰 갈등이 통제를 벗어난 상황으로 여긴다. 그래서 갈등을 다루는 것과 같은 방식으로 양극화에 맞선다. 이 부분은 2부를 참조하기 바란다. 양극화는 매우 다양한 문제를 불러일으킨다. 둘 사이에는 근본적으로 차이점이 존재한다. 갈등 상황을 보면 직접 관련 있는 사람들과 문제를 불러일으킨 사람들이 명확히 나뉜다.

북아일랜드에서 장기간에 걸쳐 일어난 '북아일랜드 분쟁'을 보자. 벨파스트에 사는 시민 대부분이 가톨릭이냐 개신교냐를 놓고 종교의 선을 긋는 식으로 이 분쟁에 관련됐다. 이 분쟁은 갈등이다. 서로를 향해 "저 사람들은 문제가 있어"라며 말하는 것이다. 자정 무렵 술집에서 몸싸움이 벌어지면 항상 '문제 소지자'에 대해 얘기하는데, 이와 같은 방식으로 갈등 상황을 대한다는 의미다. 모든 사람이 눈에 멍이 들거나 신체에 상해를 입는 식으로 관련된다. 갈등의 특성은 행위자들이 자발적으로든 아니든 참여하게 되므로 결국 어떤 위치를 선택하게 된다는 데 있다.

그래서 누가 관련자인지 알아보는 것은 어렵지 않다. 공격하려는 쪽이 있고, 빠른 타협을 시도하는 쪽이 있으며, 문제를 피하려고 노력하는 갈등 회피자가 있기 때문이다. 갈등 회피자들도 관련자라는 점은 부인할 수 없다. 급격하게 긴장감이 상승하는 데는 갈등 회피자들의 역할이 한몫해서다. 이렇듯 갈등에서 문제 소지자를 따질 때는 논란의 여지가 없다.

양극화 현상은 갈등과 본질적으로 다르다. 원칙적으로 양극화(우리-그들 사고)는 시작점부터 다르다. 문제 소지자로 '관련이 될지 말지'부터 선택하는 것이 시작이기 때문이다. '행위자'들에게 참여를 결정하는 일은 그 자체로 중요한 선택이다. 과연 인종 논란에 참여할 것인지 아닌지, 참여한다면 얼마나 깊게 관여할 것인지 결정해야 한다.

전 세계적으로 관찰할 수 있는 '이슬람 vs. 비이슬람'의 양극화, 미국에서의 '백인 경찰과 아프리카계 미국인 지역 사회' 대립, 부유한 기업가와 가난한 직원 간의 충돌을 얘기할 때, 우리는 한쪽 집단에 가깝다고 느끼며 선택하거나 그와 반대로 그냥 외부에 머무르겠다고 선택할 수 있다.

갈등이 발생하면 그 사람이 원하든 원하지 않든 늘 문제 소지자를 식별할 수 있다. 그러면 갈등 관리가 적용 가능하다. 그러나 양극화는 상황이 다르다. 양극화는 누가 결정적인 역할을 하는지, 누구에게 다가갈 수 있는지, 누구에게 접근해야만 하는지에 대한 문제가 남는다.

그렇다면 양극화 관리는 어디서 시작해야 할까? 매번 '다에쉬' 테러분자들이 유럽을 공격할 때마다, 이슬람교도(무슬림)는 그런 사람들과 연을 끊으라는 요청을 받았다. 이슬람교도는 다에쉬의 지지자도 아니고 반대자도 아닌 그 어떤 편에 서지 않았는데도 말이다.

여기서 IS 대신 다에쉬라는 IS의 아랍어 전체 명칭의 앞글자만 딴 단어로 부르는 이유는 IS라는 용어가 기발한 방식으로 양극화에 영향을 주어서다. 극단주의자들은 이 용어를 사용함으로써 전쟁 지역 외에 있는 이슬람 공동체까지 전투에 동원했다. 그래서 난 유럽이나 다른 곳에 사는 평화로운 이슬람교도를 전쟁이라는 폭력과 연결하려는 이 시도를 옹호하지 않기 위해 IS 대신 '다에쉬'를 썼다.

양극화의 책임자와 핵심 주체가 누구인지 찾는 일은 까다롭다. 이 작업은 날로 발전하고 있는 양극화 관리에서 걸림돌로 작용한다. 심각한 양극화 문제에서는 항상 대다수 인구를 대변하고

자 하는 사람이 있다. 이것은 그 자체만으로도 그 사람의 의도를 충분히 의심할 만하게 한다.

양극화 현상에는 늘 서로 영향을 주고받으며 변하는 주체들이 있다. 선택한 역할에 충실한 사람이 있는가 하면, 모호하고 종잡을 수 없는 사람들도 있다. 갈등 상황에서는 어느 쪽이 어떤 이해관계가 있는지 명확하게 짚어낼 수 있다. 하지만 양극화 현상에서 이해관계를 놓고 봤을 때 논리에서 완전히 벗어나게 행동하는 사람도 수없이 많다. 이해관계를 분석한다고 해서 사람들의 예측할 수 없는 행동이나 심화하는 양극화 현상을 설명할 수는 없다. 그렇게 보면 여기에 또 다른 원칙들이 작용하고 있다고 볼 수 있다. 덕분에 우리가 양극화에 대해 왜 그토록 무력함을 느끼는지 이해가 가능해진다.

양극화 현상은 그 자체로 역학과 원리가 있다. 그러나 우리가 양극화 현상을 이해하는 데는 한계가 있다. 그 안에 있는 모든 사람이 역할을 수행하고 개입하지만, 막상 책임을 지는 사람은 아무도 없어서다.

이슬람교도 vs. 비이슬람교도의 양극화를 강화한 사람은 누구인가. 프란치스코 교황인가? 튀르키예의 에르도안 대통령인가? 9·11을 일으킨 비행기 납치범들인가? 프랑스 잡지 〈샤를리 엡도〉

의 편집인들인가? '서구 저널리즘'인가? 현지 '이슬람 성직자들이 증오를 뿌려서'인가 아니면 정치 스펙트럼에서 극우 쪽 정치인 때문인가? 태도가 온건했던 버락 오바마 때문인가, 아니면 지속적으로 대립각을 세운 후대 대통령 때문인가? 양극화를 부추기는 사람은 누구이며, 이 일에 발을 담근 사람은 누구인가.

    이 사람들 모두가 개입돼 있지만, 책임자를 누구라고 꼬집어 말할 수 없다. 우리는 언제나 양극화에서 한발 물러서거나, 그 안에서 개인이 맡은 역할을 회피하거나, 책임을 부인할 수 있다. 그간 양극화 관리를 위해 실질적이고도 그만큼 복잡한 시도들을 하지 않은 것은 이 때문이다. 이것이 우리의 현실이다. 우리는 어디서, 누구를 대상으로, 이 문제를 시작해야 하는가?

기본 법칙 ①
사고 구조

처음부터 시작해보자. 양극화를 헤아리기 위해, 깊이 있게 이해하기 위해 양극화의 3가지 기본 법칙 혹은 기본 요소부터 자세히 알아야 한다.

맨 먼저 '사고 구조'가 양극화에서 주도적인 역할을 한다는 점이다. 모든 것은 우리 머릿속에서 일어난다. 여기에는 '우리 vs. 그들'이라는 생각이 포함된다. 사고 구조 자체가 '우리 편과 그들 편'을 나눠 생각하게 하는 것이다. 이런 양극화는 눈에 보이지 않는다. 추상적인 개념이어서 그렇다. 양극화는 언어나 인식, 생각에 관한 것이다. 이 모두가 물리적 갈등과는 매우 다르다.

2015년 11월 프랑스 파리 바타클랑에서 일어난 공격을 예로 들어보자. 이 극장에서 일어난 물리적 충돌에서 우리의 귀로 칼리시니코프 소총의 총성을 들을 수 있었고, 공격자들이 "알라후 아크바르(알라신은 위대하시다)"를 외치며 달아나는 모습을 눈으로 볼 수 있었다. 그러나 양극화는 다르다. 주변에 널려 있지만 실제로 양극화를 눈으로 목격할 수는 없다. 직접적인 폭력의 배후에는 우리 '자유를 중시하는 서양'과 그들 '다에쉬와 칼리프 지역'에는 차이가 있다는 사고 구조가 존재하기 때문이다. 이렇게 우리의 생각 속에서 두 정체성은 서로 싸운다. 그 와중에 각각은 서로를 배제하기를 원한다.

바타클랑 테러가 일어나기 몇 달 전, 다에쉬 vs. 〈샤를리 엡도〉의 양극화 현상은 '자유 세계와 민주주의' vs. '칼리프 지역과 이슬람법'으로 양분화하는 데 일조했다. 이 갈등은 오래전부터 존재해왔던 '이슬람교도 vs. 비이슬람교도' 사이의 분열 또는 종종 '신실한 이슬람교도 vs. 불신자 혹은 이교도' 사이의 분열이 바탕이 됐다. 결국은 극장 관객, 편집위원, 만화가들에게 영향을 미쳤다.

2016년 새해 전야에도 비슷한 일이 일어났다. 독일 쾰른 중앙역에서 일련의 공격이 발생한 이후였다. '독일인 vs. 난민'이라는 양극화는 짧은 시간 안에 '남녀평등을 존중하는 교양 있는 독일인' vs. '여성을 종속하는 이슬람의 구시대적인 발상을 지닌 미개한 기회주의자 난민'이라는 개념으로 발전했다. 이 두 사례로부터 '우리 vs. 그들'이라는 추상적인 개념을 도출할 수 있다.

또 다른 예도 있다. 남성 vs. 여성. 이것은 눈에 보이는 생물학적 사실이다. 여기서 양극화는 '남성'과 '여성'을 반대편에 놓고 어떤 특성을 부여할 때만 생겨난다. 생물학적으로는 그저 중립인 남성과 여성이라는 존재 위에 의미를 부여하고 반대되는 정체성을 덧입힘으로써 날카로운 대비를 얻어낸다는 뜻이다. 여성 또는 남성이 된다는 의미는 사회적·문화적으로 결정되는 것이다. 둘 모두에게 정체성을 부여한다는 것을 의미한다.

패션계에서 여성으로 사는 것은 정치계에서 여성으로 사는 것과 아주 다르다. 짐바브웨에서 여성으로 사는 것은 스웨덴에서 여성으로 사는 것과 다르다. 비슷하게 세계에서 '서양'에 사는 사람과 '동양'에 사는 사람을 구분할 수 있다. 이것은 틀림없는 사실이다. 당국에 등록된 개개인을 조사해 이 사실을 구체적으로 뒷받침할 수도 있다.

그러나 양극화(사고 구조)는 우리가 확신을 믿고 알게 됐을 때 시작된다. 예를 들면 한쪽이 극도로 물질주의적인 반면 다른 한쪽은 유난히 종교적인 경우가 그렇다. 한쪽은 개인을 중시하고 자기표현을 하지만 반대쪽은 그보다는 기다리는 것을 택하는 간접적인 방법을 쓸 때도 그렇다.

양극화는 항상 정체성이 서로 대립한다. 이 대립은 둘 다 분명한 사실이다. 예를 들면 남자 vs. 여자, 흑인 vs. 백인, 정치인 vs. 시민처럼 말이다. 그런데 이런 단순 구별에 특정 의미를 부여할 때 양극화가 발생한다.

흔히 말하듯 남자는 능동적이고 기술적인 면에 강하고, 여자는 수동적이며 대화하는 것을 좋아한다는 식의 특징을 부여하는 것이다. 흑인은 억압되고 피해의식이 있으며, 백인은 압제자들의 후손이니 과거에 벌인 식민지 문제에 대해 조심해야 한다는 것도 여기에 포함된다. 정치인들은 '권력의 맛을 본 엘리트'로 비난을 받고, 시민은 '진짜로 무슨 일이 일어나는지 잘 알며 그 누구에 의해서도 눈속임을 당하지 않으려는 서민'으로 정의된다.

이 기본 원칙을 통해 원래는 중립적인 차이만 있을 뿐인 두 요소에 특정 의미를 부여함으로써 서로 대립 상태로 변한다. 이것은 음극일 수도 양극일 수도 있지만 아무런 차이가 없다. 모든 전극은 반대로 제시된 극을 인지함으로써 양극화가 강화된다. '여자는 멀티태스킹을 잘한다(긍정)'라는 말은 '여자는 후진 주차를 못한다(부정)'라는 말만큼 양극화돼 있다. 두 경우 모두를 통해 양극화는 강화될 수 있다. 한 정체성(남성)은 반대 극으로 작용해 다른 정체성(여성)과 대조된다. 그 결과 타인의 이질성에 초점이 맞춰져 정체성에 대한 강조가 중요하게 여겨진다.

이런 현상에는 좋은 점과 나쁜 점이 둘 다 존재한다. 우리가 양극화에 의존한다는 점은 나쁜 점이다. 우리는 우리 vs. 그들이라는 생각을 통해 차이점을 구별하고는 그 차이점을 꿋꿋하게 고수하려는 경향이 있다. 시골에 사는 나는 '도시적 사고방식'을 지닌 사람과 나를 다르다고 생각한다. 이 생각은 떠올리면 떠올릴수록, 내가 정원과 주변 목초지를 소중하게 대하면 대할수록 더욱 강화된다. 이 때문에 금연에 성공한 사람들이 담배를 끊지 못하는 사람들을 분별없다고 생각하고 자신과는 다르다고 느끼는 것이다.

우리는 반대 극의 이미지를 구축하고 '타인'에게 특성을 부여하지만, 그것이 정의하는 것은 우리 자신이다. 양극화는 자신의 정체성을 만들고 확인하는 것과 밀접한 관련이 있다. 양극화는 정체성을 만드는 창조자이므로 그 존재가 필요하다고 느끼게 된다. 그래서 우리는 끊임없이 양극화를 이어간다.

좋은 점도 있다. 양극화 현상 속에서 우리 사고를 구성하는 개념과 '프레임'을 살펴볼 수 있다. 우리는 프레임에 영향을 줄 수 있고, 지시를 내릴 수 있으며, 심지어 조작도 가능하다. 프레임은 어느 정도 가변적이다. 프레임은 때때로 바뀌기도 하고, 분해하거나 완전히 교체할 수도 있다. 어느 때는 찾는 데 시간이 꽤 걸리기도 하지만, 또 어떤 때는 확연히 눈에 띄거나 별다른 노력 없이 드러나기도 한다.

네덜란드의 도시 로테르담과 암스테르담은 경쟁 상대라서 이 양극화는 각 도시에 거점을 둔 축구팀 페이노르트와 아약스까지 확대된다. 그러나 네덜란드 국가대표팀이 외국대표팀과 경기를 할 때면 이 분열은 스르르 사라진다. 상대가 네덜란드의 숙적인 독일이면 더더욱 그러하다.

문화적으로 봤을 때 축구보다 훨씬 더 중요한 예가 있다. 남성-여성을 나누는 구분이다. 20세기 전반에 남녀 차별은 여성운동에서 강한 반발을 받았다. 기혼 여성은 일하는 것이 허용되지 않았다. 투표권도 없이 20세기를 맞았고, 삶의 가장 중요한 역할은 엄마가 되는 것이었다.

가장이자 집 안의 대표인 남자와의 격차는 엄청났다. 1970년

대 페미니즘 물결을 통해 양극화는 격렬해졌지만, 남성 vs. 여성이라는 프레임을 바꾸는 데는 어느 정도 수확이 있었다. 비록 모든 것이 바뀌지는 않았지만 말이다. 이렇듯 오래된 모순, 즉 정체성에 대한 확신도 무너질 수 있다. 양극화가 사고 구조라는 것은 좋은 소식이다. 우리는 무력하지 않은 것이다.

기본 법칙 ②
연료

양극화는 연료가 필요하다. 양극화는 오랫동안 방치할 수 없는 모닥불 같다. 계속해서 장작을 넣어야 해서다. 너무 늦으면 다시 불을 붙이는 데 큰 노력이 든다. 연료 공급을 중단하면 양극화는 무너진다. 강도가 약해지다가 완전히 소멸하고 마는 것이다.

노르웨이인과 스칸디나비아 최북단에 사는 라프족 사이에도 우리-그들이라는 사고가 어느 정도 존재한다. 노르웨이인들은 라프족이 나쁜 사람이라 여긴다. 노르웨이인 말에 따르면, 라프족이 과음을 하고 약속을 지키지 않는다는 식이다. 라프족은 스스로를 노르웨이인보다 라프족으로 생각하므로 이 사고는 라프족의 정체성에 깊이 내재돼 있다. 노르웨이인도 누차 강조한다.

이런 라프족의 정체성에 관한 발언은 오랫동안 지속해온 양극화에 연료를 들이붓는다. 라프족은 왜 이렇게 됐는지 정확히 알므로 노르웨이인들에게 반박한다.

"노르웨이 사람들은 굉장히 고귀하셔서 우리한테는 우리랑 상관도 없는 역할을 부여해놓고 막상 중요할 때는 쏙 빠져나가시지! 그러고는 지키지도 못할 약속을 하고 말이야. 우리는 라프족이라 불리는 것도 싫다. 라프족이란 욕이나 다름없으니 '사미인'으로 불러달라."

사미인-노르웨이인을 반대 극에 놓고 벌이는 정체성에 대한 발언은 지금도 계속되는 이 문제에 연료를 끊임없이 붓고 있다.

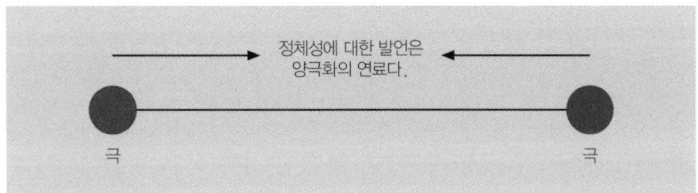

[그림 1] 긴장 구역

양극화는 단기간 내에도 가능하다. 양극화에 대한 수업 중 같은 날 두 반으로 나눠 강의한 적이 있다. 한 반이 끝나고 다른 반이 점심시간 무렵에 시작했다. 준비된 식사는 훌륭했다. 오전반이 햄치즈샌드위치를 위장에 밀어 넣고 자리를 떴고, 오후반이 도착했다. 문제는 음식이 별로 남지 않았다는 데 있었다. 그러자 양극화가 시작됐다.

오후반은 오전반 사람들이 반사회적이라고 했다. 어떤 사람은 오전반 사람들이 천성적으로 이기적이라 결론 내렸다. 자신들은 다른 사람이 낸 돈으로 배만 채울 생각을 하지 않았을 거라 말하기도 했다! '오전반 vs. 오후반' 양극화에서 발을 담근 당사자 모두 정체성 문제에서 쉽게 연료를 공급받은 것이다.

이 예시를 통해 어떤 특성을 찾아볼 수 있다. 그 특성을 통해 연료가 무엇인지도 인지할 수 있다. 사람들은 타인의 정체성을 중요하게 여기며, 거기에 대해 말을 얹는다. 아침반, 오후반, 사미인, 노르웨이인처럼. 긍정적이든 부정적이든 중립적이든 말이다. 패턴은 똑같다. 그들은 그런 사람이고 우리는 이런 사람이라는 식이다.

난민은 기회주의자에 남성호르몬이 가득한 폭탄 같다, 우파 정치인은 이기주의자다, 좌파 정치인은 순진해 빠졌다, 세르비아

인은 공격적이다, 보스니아 사람들은 교활하다, 베르베르 사람들은 시대에 역행한다, 튀르키예 사람들은 마음을 열지 않는다, 경찰은 사람을 차별한다, 정치인들은 지지율 올리는 데만 혈안이 돼 있다, 은행원들은 수전노다, 폴란드 사람은 부당이득을 잘 취하고 상술이 뛰어나다, 오바마는 좋다, 트럼프는 나쁘다, 가톨릭은 위선적이다, 개신교는 정직하다, 지중해 연안 사람들은 인심이 좋고 느긋하다, 스칸디나비아 쪽 사람들은 우울증 환자 같고 누군가와 진짜 교감하려면 하세월이다….

이런 발언들은 상대방의 정체성과 관련이 없지만, 어떤 면에서는 양극화를 부추기는 요소가 된다. 부정하는 것도 정확히 똑같은 역할을 한다. 난민들은 집을 떠날 수밖에 없는 평범한 사람들이다, 우파 정치인들은 자유와 독립을 이상으로 삼고, 좌파 정치인들은 동료 인간에 대해 연민을 느낀다, 경찰은 항상 편견 없이 행동한다….

부정적인 진술마다 긍정적으로 반박할 수 있는데, 이는 우리가 타인을 어떻게 생각하는지와 연결된다. 그러나 이것 역시 양극화의 연료가 되는 것은 마찬가지다. 타인의 정체성을 중심에 넣고 그 정체성의 본질을 주장한다면 양극화를 조장하는 것과 다름없다. 이것이 우리-그들 사고방식이기 때문이다. '동성애자는 변태다'라는 진술은 '동성애자는 선량하고 동정심이 많다'라는 진술과 같다. 두 발언 모두 연료를 공급하기 때문이다. 좋은 의도든 나쁜 의도든 이는 상대방의 정체성을 너무 가볍게 진술하는 것이다.

이런 통찰은 내가 관찰하기로는 아주 천천히 받아들여진다. 난 이런 사실을 양극화의 역학을 이해하기 위해 고려해야 할 세 번째 기본 법칙과 연결했다. 연료가 되는 이런 진술은 우리가 서로 사실만 말하고 있다는 잘못된 인식을 불러일으킬 수 있다. 또 정체성에 관한 진술에 동의하거나 반대하는 것만으로 토론을 더 깊고 의미 있는 수준으로 끌어올릴 수 있다는 착각을 줄 수 있다.

우리는 상대방(반대편 극)의 정체성에 대해 개략적인 설명으로 상대방에 대한 지식을 공유하려고 하며, 이를 통해 토론 시작부터 엄청난 첫수를 두고 싶어 한다. 따라서 이성적 대화의 영역 안에서 행동하고 있는 것처럼 보인다. 그러나 오해다. 양극화는 그런 식으로 진행되지 않는다.

기본 법칙 ③
직감의 역학

　양극화는 본능에 따르는 직감의 역학이 있다. 양극화가 증가함에 따라 대화 자체의 양(논의와 토론)은 증가한 반면, 합리성의 수준은 점차 감소한다. 양극화는 하나부터 열까지 직감의 역학이다. 철학자는 설득의 방법으로 '로고스'(논리에 대한 호소)는 중요하지 않으며, 오히려 '파토스'(감정에 대한 호소)가 중요하다고 말할 것이다.

　이것은 우리가 경험하는 무력감을 일부 설명해준다. 시장·정치인·교사들은 정곡을 찌르는 한마디로 사람들을 진정시킬 수만 있다면 무척 좋아할 것이다. 그러나 얼마나 정곡을 찌르든 간에 그 말은 사람들에게 스며들지 않는다. 사람들의 마음에 가닿지도 않는다. 대부분 기분만 상하게 할 뿐이다.

적절한 예가 있다. 1999년 5월, 네덜란드 최북단 프리슬란트에서 어린 소녀 마리안느 바트스트라가 강간당한 채 살해됐다. 당시 범인은 누구인지 밝혀지지 않았다. 이 사건으로 촉발된 지역 주민과 주변에 거주하던 난민들과의 양극화가 몇 년간이나 이어졌다. 지역 주민들은 난민이 범죄를 저지른 것이라는 확신이 있었다.

사람들은 이 문제를 놓고 수년간 싸웠다. 현지인들은 범인을 감싸고 돌지 말라며 항의했다. 이렇게 우리-그들 생각은 그들 사이에 견고하게 자리 잡게 됐다. 몇 년 후, 진짜 범인이 잡혔다. DNA 덕분에 범인을 잡을 수 있었다. 증거에 따르면, 범인은 범죄 현장에서 불과 2.4킬로미터 떨어진 곳에 사는 중년의 백인 목축업자였다. DNA보다 더 강력한 증거가 어딨겠는가.

그러나 몇 년 동안이나 적에 대해 이미지를 쌓아온 사람들에게는 아무리 증거가 강력해도 충분하지 않았다. 양극화에서 직감의 역학을 따르면 사실은 중요치 않게 된다. 그래서 오늘날에도 프리슬란트 지역 몇몇 주민들은 여전히 실제 살인을 저지른 사람은 난민이라고 확신하고 있다.

세 번째 요소는 근거(논리적 생각)의 경우 양극화에서 제한된 답을 제공할 수 있다는 결과를 낳는다. 상대방의 정체성에 대한 지식을 교환하고, 반대편의 견해를 이해하려는 시도가 있다고 해도 이는 실제로 큰 효과가 없다. 양극화는 그렇게 합리적인 것이 아니어서 그렇다.

직감은 변덕이 심하고 그 자체로 영향력을 발휘한다. 우리는 직감에 대해 유난히 예민하게 반응한다. 적 아니면 친구라는 관점은 고집이 세다. 그래서 증거가 확실해도 영향을 받지 않는다. 행여나 반대쪽에 유리한 증거가 나오면 사람들은 음모가 있다고 생각한다.

교실에서 음모론이 점점 많아진다는 것은 양극화를 보여주는 좋은 지표다. 음모론은 모든 사실이 그 반대를 말하고 있음에도 자신의 견해를 옹호하며 자신이 옳다고 생각하게 만드는 탈출구와 같다. 마리안느 바트스트라가 난민에 의해 살해된 것이라는 생각을 고수하기 위해서도 음모론이 필요했다.

이런 현상은 이스라엘-팔레스타인 분쟁에서도 나타나고 있다. '유대인 음모론'은 과거부터 잘 알려져 있다. 우리는 세계적인 음모나 계획에 의해 조종당하고 있다고 믿는 것이다. 9·11 역시 음모론이 존재한다. 미국이 가상의 적을 만들기 위해 자국민들을 희생시켰다는 것이다.

음모론은 모든 이슬람교도가 평화를 사랑하며 9·11 같은 사건을 일으킬 수 없다는 생각을 가진 몇몇 젊은 사람들의 탈출구가 된다. 그들은 악을 다른 곳에서 찾는다. 이런 궁극적인 시도를 통해 이들은 양극화를 고수하며, 그 안에서 자신들을 정당화하고 적에 대한 극단적인 이미지를 고착시킨다.

정리

양극화는 서로가 정반대의 극에 대해 정의를 내린다. '우리-그들'이라는 개념, 우리가 지금 다루고 있는 개념이 그것이다. 한 극은 다른 극과 대립한 채로 의미를 부여받는다. 여기에도 우리-그들 사고가 포함된다. 그러나 양극화는 눈으로 관찰할 수 없다. 존재하지만 우리 마음속에만 있어서다.

사람들이 연료를 제공하는 한 이런 사고는 계속 우리에게 영향을 미칠 수 있다. 양극화는 연료를 꾸준히 필요로 하며, 이 연료는 반대 극의 정체성에 대해 극명하게 설명할 때 만들어진다. 그 형태는 아주 간단하다. '우리는 옳고, 그들은 틀렸다.' 이 말은 직감의 역학을 불러일으키고, 모든 사람은 여기에 민감하게 반응한다. 또 우리의 직감에 호소한다. 그래서 양극화 논쟁에서 아무리 합리적이거나 합당한 반박을 해봤자 효과를 보지 못한다.

2장
5가지 역할

역할을 5가지로 구분해보자. 우선 양극화에 대한 입장을 정리하는 데 도움이 되고, 궁극적으로는 실질적인 양극화 전략을 채택해 관리하는 데 도움을 준다. 언급한 5가지 역할은 각각 모든 양극화 과정과 관련 있다. 각 역할은 모두 장단점이 있다. 각 역할은 이점도 있지만, 항상 대가가 따른다.

각각의 역할은 일관성이 있어서 양극화의 역학, 즉 그 메커니즘을 설득력 있게 보여준다. 각 역할은 영리하게 작동하며, 이미지로 보면 간단하게 이해할 수 있다. 이 5가지 역할을 설명하면서 한 역할은 옳고, 다른 역할은 그르다는 낙인을 찍지 않을 것이다. 또 각 역할의 작동 방식과 함정, 기회까지 보여줄 것이다.

모든 역할은 옳고 동시에 틀렸다. 나는 모두가 한 번쯤은 그 모든 역할을 다 해보았다고 생각한다. 여기서 각 역할의 옳고 그름을 말하고자 하는 것은 아니다. 각 역할의 작동 방식을 보여줌으로써 앞으로 각 역할을 선택할 때 조금 더 고심할 수 있게 도우려는 것뿐이다. 무심결에 선택하는 것보다는 훨씬 나으니 말이다.

역할 ①
주동자

 우리는 양극단의 끝부분에서 첫 역할을 찾아낼 수 있다. 주동자다. 주동자는 사고에 연료를 공급하는 임무를 띠고 있다. 주동자는 종종 아주 열심히 이 일을 수행한다. 도널드 트럼프 대통령이 주동자에 속한다. 미국인-멕시코인 양극화에서 트럼프는 이렇게 말했다. "멕시코인은 부당하게 이득을 얻는 사람들입니다." 네덜란드의 하원의원 헤이르트 빌더르스와 프랑스 정치인 마린 르 펜도 주동자에 속한다.

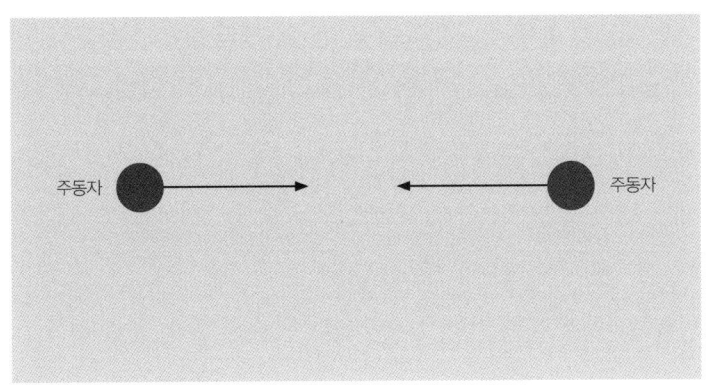

[그림 2] 서로 맞서는 주동자

유럽인-난민 양극화에서 주동자는 이렇게 말한다. "난민은 남성호르몬이 가득한 폭탄 같다", "그들은 완전히 스며들지 못한다". 브뤼셀 몰렌베크역에서 자살 폭탄을 터트린 칼리드 엘 바크라위는 사후에 주동자가 된 사람이다. 그는 성명서에서 서양과 다에쉬 사이에 존재하는 양극화를 거론했다. "무신론자는 타락했다." 아주 단순한 이 문장에 주목하라. 이 한 줄짜리 발언은 상황을 정말 단순하게 다룬다. 이들은 이렇고… 저들은 저렇고….

그러나 유의해야 한다. 이쪽 극의 주동자가 이러는 동안 반대편의 주동자도 똑같은 일을 하기 때문이다. 우파와 좌파의 양극화 속에서 좌파 주동자(범세계주의자)들은 한 가지에 대해 생각이 아주 확고하다. '우익 유권자는 틀렸다'는 생각이다.

좌파 주동자들은 우익 유권자가 타블로이드 신문을 읽고, 제대로 된 정보를 얻지도 못하고(거짓 뉴스를 상기하라), 선동가들의 말에 취하고, 무엇보다 상대적으로 교육 수준이 낮다고 생각한다. 거기에 더해 모두가 자기중심적이라서 미래 세대를 위해 옳은 일을 할 만큼 마음을 열지 않는다고 여긴다. 다시 말해 우익 유권자들은 절망적이라는 것이다. 주동자에 따르면, 악은 늘 반대편에 존재한다.

주동자는 주도적인 역할을 한다. 이 역할을 맡는다는 것은 매력적이다. 특히 도덕적으로 자신이 옳다고 믿어서 그렇다. '저쪽은 100% 틀렸다니까.' 주동자들은 자신이 92% 틀렸다거나 98% 옳다고 생각하지 않는다. 아니 주동자들은 무조건 100% 옳다고 생각한다. 이런 확신은 주동자에게 더 많은 에너지를 공급한다. 산도 옮길 수 있을 정도다.

이런 도덕적 독선은 대결에 성스러운 성격을 부여한다. 우익에게 '이슬람화'는 거부 사항이다. 그러나 좌익 주동자에게 인종차별은 생사가 걸린 문제와도 같다. 이 문제는 갈등을 일으키는 양측 모두에 적용할 수 있다. 정교한 사고는 사라지고 흑백 논리만 남는다.

그래서 주동자는 토론이나 논쟁에 관심을 기울이지 않는다. 그저 가능한 한 새로운 연료를 만들어 반복적으로 자신의 정당성을 제시하는 데만 관심이 있다. '다른 이들은… 우리의 정체성은 그들과 반대다. 우리는 공통점이 없고, 그래서 우리는 어느 쪽에 설지 골라야 한다.' 주동자가 상대방의 의견을 경청하면 리더 역할을 잃게 된다. 그러니 그런 사람들은 눈에 보이지 않는다.

그러나 주동자가 되려면 대가가 따르며, 때로는 희생이 요구되기도 한다. 누구라도 이 역할을 감당하면 반드시 눈에 띈다는 말이다. 주동자는 눈에 띄는 것이 목표지만 직감의 역학은 이와 반대로 작용한다.

네덜란드 우익 정치인 헤이르트 빌더르스는 끊임없이 안전에 위협을 받으며 이슬람에 맞서 싸우고 있다. 심지어 살해 위협도 받는다. 넬슨 만델라는 수년간 투옥 생활을 했다. 브뤼셀에서 테러를 일으킨 지하디스트는 말 그대로 죽음으로 끝을 보았다. 극단에 있다 보면 길은 오직 하나만 남는다. 밖으로, 더 극한 방향으로 가는 길이다.

주동자를 세우고 권력을 부여한다는 점은 양극화에서 볼 수 있는 특징이다. 모든 것이 직감으로 움직이는 역학이므로 그 어떤 것도 예측할 수 없는 상황이 된다. 이 흐름은 반전될 수도 있다. 어떤 사건 하나가 여러분의 직감을 건드려 180도 돌변하게 만들 수도 있다. 양극화는 잘 변하지 않는데 주동자도 마찬가지다. 일단 주동자가 열정을 갖고 그 역할에 몰입해 연료를 공급받고 나면 주동자 역시 상황의 통제권을 잃는다.

미국의 흑인-백인 양극화는 사건마다 백인 경찰과 흑인 용의자 사이의 갈등에 집중된다. 그러나 아직까지도 감정을 파악하는 사람은 없다. 사람들은 백인인 트럼프에게 등을 돌릴 수도 있고, 반대로 전임자이자 미국 최초의 흑인 대통령 오바마에게서도 쉽게 등을 돌릴 수 있다.

주동자의 심리는 매우 독특하다. 주동자의 도덕적 독선은 그들에게 동기를 부여하고, 노력하게 하고, 많은 연료를 공급한다. 양극화 역학의 변덕은 주동자의 앞날마저 알 수 없게 한다. 무엇보다 '오직 남은 길은 더 극단으로 가는 것뿐'이라는 사실은 주동자를 취약하게 하는 동시에 더욱 강력하게 옭아맨다.

주동자들에게 행동을 바꾼다는 것은 곧 체면을 잃는다는 것과 다름없다. 동요하는 모습을 보이고 싶어 하는 사람은 아무도 없다. 거의 거룩하다고까지 여겨지는 양극화 상황에서는 더더욱. 그래서 주동자들은 필요하다고 생각하면 희생을 요구한다. 그러니 애매한 상태는 환영받지 못할 수밖에 없다.

역할 ②
동조자

주동자는 양극단 사이에 긴장 구역을 만든다. 주동자는 흑백 논리를 펴고 긴장 구역에서 선택하게 한다. 첫 선택은 이쪽이냐 저쪽이냐가 아니다. 어느 한 곳에 '들어갈 것이냐 말 것이냐'다. 주동자는 양극화 사이의 압력을 증폭시키려고 노력한다. 사안이 긴급할수록 사람들은 더욱 압박을 느껴 둘 중 하나를 선택할 가능성이 커진다. 여기서 동조자가 활약하게 된다.

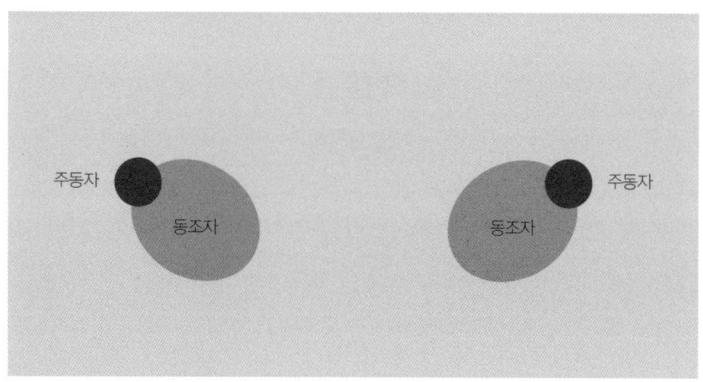

[그림 3] 주동자와 동조자

　동조자들은 양극 사이의 긴장 상태에서 한쪽 진영을 선택한다. 그렇다고 해서 주동자의 견해를 완전히 찬성하거나 하지는 않는다. 동조자는 진영을 선택하고, 긴장 구역의 영역 내에서 활동을 지속한다. 동조자는 주동자만큼 극단적이지 않고, 종종 주동자와는 차이가 있다는 점을 표출한다. 주동자가 지명하면 동조자는 그 의견에 '일부' 찬성하는 모습을 보인다. 이렇게 두 역할은 분리돼 있다.
　어느 가족마다 1명씩 있는, 생일파티에 와서 분위기 망치는 삼촌이 그 예다. "그러니까 이슬람은 말이야. 난 도널드 트럼프를 100% 찬성하는 것은 아니지만 사실을 있는 그대로 말해주는 사람이 필요하기는 하지." 이렇듯 동조자는 진영을 하나 택하지만 그렇다고 주동자가 되지는 않는다. "그 필리핀 독재자 두테르테 말이야. 그 사람 말에 다 찬성하지는 않지만 그래도 마약에 관한 일은 그 사람 말이 맞지." 이것이 동조자들이 할 법한 말이다.

동조자는 양쪽 진영에서 최고의 것만 취할 수 있다. 또 완전히 극단적이지는 않아서 언제나 토론할 준비가 돼 있다. 동조자들이 하는 말에 따르면 그렇다는 뜻이다. 그렇지만 누구도 동조자들을 순진해 빠졌다고는 말하지 못한다. 위기가 임박하면 동조자들은 행동에 나서서 한쪽에 뼈를 묻기 때문이다.

동조자들은 양극화 압력의 바깥에 존재한다. 장점은 지지자의 진영에 들어간다는 점이다. 동조자들은 지위를 얻고 깃발을 올린다. 이는 동조자의 심리적 이점이다. 단점은 어느 한쪽에 합류함으로써 무엇을 지지하고 어떻게 느끼는지 상대 진영에 드러낸다는 점이다. 이렇게 한쪽을 선택하고 양극화가 확대되면 그때는 편을 바꾸는 것이 거의 불가능해진다. 전투의 열기 속에서 봤을 때 그 행동은 배신 행위다. 분위기가 한풀 꺾인 상태라 해도 주저함과 망설임의 행위이기도 하다.

주동자의 태도와 위치가 그렇듯 동조자도 일방통행 길에 서 있는 것과 같다. 흑백 논리로 생각하는 길에 있으면 중도주의자가 되기 어렵다. 이 경로에서 동조자가 보기에 주동자가 '너무 멀리 간다'고 판단하는 일이 가장 위험하다. 그런 이유로 초반에 동조자는 늘 주동자로부터 거리를 둔다. 그런 식으로 자신이 독립적인 사고와 판단 능력을 잃지 않았다는 점을 보여주려는 것이다. 그래서 주동자는 양극화를 촉진하기 위해 자신이 더 극단적이 될 수 있는지 혹은 그래야 하는지 신중하게 고려한다.

주동자만큼 동조자 사이의 분위기나 열기를 판단할 수 있는 사람은 존재하지 않는다. 헤이르트 빌더르스와 마린 르 펜 같은 우익 정치가들은 동조자들에게 노골적인 발언을 해 충격을 선사한다. 온몸을 감싸는 부르키니(비키니의 반대)나 니캅을 금지하는 것, "이슬람교도를 그들의 나라로 돌려보내라." 혹은 "이슬람 공동체는 범죄 성향이 있다." 같은 발언을 하는 것 등.

처음에는 반감이 생길 수 있지만 이후 동조자 진영은 최근에 일어난 이 폭발을 기쁜 마음으로 받아들이게 된다. 그렇게 해서 이슬람교도와 비이슬람교도 사이에 생겨난 더 강한 양극화로 한 걸음 나아가게 된다. 마찬가지로 기존 질서와 빌더르스/마린 르 펜 사이의 양극화는 아돌프 히틀러와 비교함으로써 더욱 심화한다. 이 긴장 구역에서 양극단이 사용하는 옳고 그름의 체계는 수년간 축적돼온 양극화에 새로운 연료가 된다.

생물학적 측면에서 봤을 때, 우리는 흑백 사고의 이점을 알고 있다. 사람이라면 친구와 적을 구별해야 한다. 그렇게 해야 생존 가능성이 커진다. 이런 의미에서 동조자는 인간의 생물학적 반사 작용에 굴복한다. 위험이 다가오면 우리는 안전하기를 원한다. 그래서 두 악 사이에서 홀로 서 있는 것보다 지지자들에게 둘러싸여 있는 것을 선호한다.

물론 동조자들이라 해도 그 모습과 정도는 모두 다르다. 극 쪽으로 갈수록 주동자가 될 재목을 찾기 쉽다. 이 사람들은 사실과 논거로 자신이 옳다고 정당화하기 바쁘다. 따라서 반대편의 정체성에 대한 정보는 부정적이어야 하며, 부정적인 정보만 선택한다. 자신들의 옳음을 증명해주는 것이라면 어떤 정보라도 맞아들인다.

극 가까이에 있는 동조자들의 특징은 자신이 옳다고 말했을 때 동의하는 사람을 포착하는 능력에 있다. 과격화 전문가들이 관찰한 바에 의하면, 동조자와 주동자는 '메아리 방[*]'을 차지하고 있다. 동조자들은 선택적으로 될 수 있으면 자신의 진영에 있는 주동자의 말을 듣는다.

---

[*] 자신과 유사한 사상을 지닌 사람들과만 소통하며 이 견해를 반복적으로 되뇌면서 신념이 더욱 강화되는 환경.

동조자의 정확한 위치는 토론에 참여할 준비가 얼마나 돼 있는지를 보면 알 수 있다. 극단에 가까이 있는 동조자일수록 연설을 늘어놓는 데 관심이 많다. 좀 더 온건한 동조자는 자신이 옳다는 것을 증명하려는 목표를 가지고 토론에 참여한다. 이런 토론에서는 각자의 정당성을 우선하지만, 여전히 의견 교환이 가능하다. 그러니 토론에 참여하려는 동조자는 아직 중간에 좀 더 가깝다고 할 수 있다.

토론과 논쟁은 차이점이 있다. 좋은 토론의 참여자들은 서로가 발언 내용을 경청한다. 비록 자신의 관점에 조금 더 치우쳤다고 해도 말이다. 그러나 중간 지점에 도달해야만 또 다른 유의 대화, 즉 모든 관점이 중심이 되는 대화의 가능성이 열린다. 진정한 대화는 모두가 공감하는 질문이나 딜레마를 형성하기 때문이다. 이런 대화는 이분법적 사고방식이 아니므로 동조자들의 이익은 물론이고 주동자의 이익에 전혀 부합하지 않는다. 이런 유형의 대화는 또 다른 대화 참여자가 필요하다. 이제 세 번째 역할이 등장해야 할 때다.

역할 ③
방관자

 양극단 사이에 양측으로 치우친 동조자들과 어느 정도 거리를 두면 중간 지대가 남는다. 이 중간 지대에는 어느 편도 들지 않기로 마음먹은 사람들이 존재한다. 이곳은 흑색도 백색도 아닌 회색 지대다. 간단하게 말하면 무관심이라 표현할 수 있다. 이 사람들은 주동자의 말을 듣지도 감명받지도 않고, 이 게임에 관심도 없다. 이렇게 방관자들은 중간 지대에 머문다.
 때로는 그 반대도 있을 수 있다. 너무 강한 참여 의식으로 인해 오히려 중간 지대에 머무르는 경우다. 어떤 문제들이 있는가. 브렉시트에 대한 찬반, 자유무역에 대한 찬반, 한국에 개입하느냐 마느냐의 문제, 니캅 금지에 대한 찬반, 펫훌라흐 귈렌*에 대한 찬반은 어떤가.

중간에 있는 모든 사람이 이 문제에 관심이 없는 것이 아니다. 방관자들은 이 문제와 밀접한 관련이 있다고 느낀다. 방관자들을 움직이게 하는 것은 뉘앙스이지 무관심이 아니다. 그렇기에 방관자들은 중간에 있는 것을 '선택'한다. 우연히 중간에 있는 것이 아니라 의도적으로 머무른다는 뜻이다.

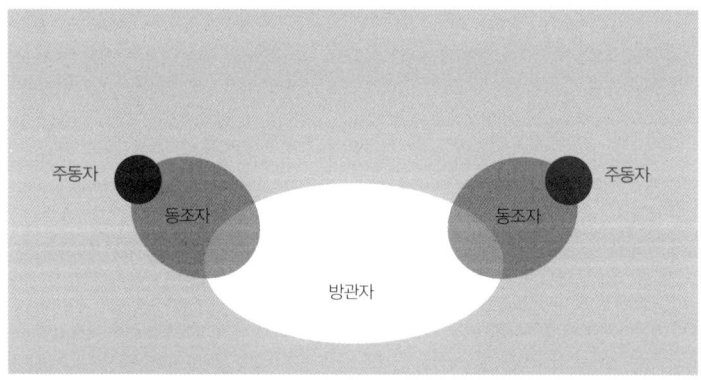

[그림 4] 주동자, 동조자, 방관자

---

* 튀르키예의 이슬람 사상가로 튀르키예 정부는 펫훌라흐 귈렌을 쿠데타 배후로 지목했다.

사람들은 차이점과 참여뿐 아니라 중립성으로도 동기부여를 받을 수 있다. 대부분 직업적인 문제로 어쩔 수 없이 중간 지대에 머물게 된다. 공무원·판사·교사·경찰·시장·성직자를 떠올려보라. 이런 직업에 종사하는 사람이라면 어느 한쪽을 결정하기 전에 고심부터 할 것이다. 이들의 직무가 중립적이고 신중한 입장을 요구하기 때문이다.

중간 지대는 다양한 배경을 기반으로 다양한 입장을 수용한다는 뜻이다. 중간 지대에 있는 사람들도 맨 처음 하는 선택이 있다. 양극화에서 한쪽을 '고르지 않겠다'라는 것이다. 이들은 양극화의 압력에 저항한다. 그런 이유로 주동자들은 맨 먼저 중간 지대에 있는 자들을 목표로 삼는다. 주동자들은 반대편의 관점 따위가 별로 중요하지 않다. 주동자들에게는 어떻게 하면 중간 지대 사람들에게 영향을 주는가가 가장 중요하다. 중간 지대를 통해 더욱 강력해질 수 있기 때문이다.

그렇다고 해서 중간 지대 사람들을 자기네 쪽으로 끌어들이는 것까지는 바라지도 않는다. 물론 그러면 좋겠지만 중간 지대에 있는 사람들이 찬성이든 반대든 선택을 하게 만드는 것이 중요하다. 주동자에게 흑백 논리로 접근하지 않는 사람은 눈엣가시 같은 존재다. 흔히 주동자가 반대편 극단에 있는 사람들을 목표로

할 거라고 오해한다. 아니다. 주동자들에게 반대쪽 사람들은 대화의 주체, 때로는 '적'이 되는 존재일 뿐이다. 그러니 진짜 목표는 중간 지대 사람들이다.

중간 지대에 있는 사람들이 모두 동기가 똑같은 것은 아니다. 그들의 동기에 대한 스펙트럼은 놀랍도록 다양하다. 그렇지만 그런 그들도 공유하는 것이 있다. 눈에 띄지 않는다는 점이다. 그들은 중간 지대에 서서 목소리를 내지 않는다는 단순한 이유로 '방관자'가 된다.

여기, 시점이 원점에서 출발해 중간을 지나 바깥으로 이어지는 가시성 라인이 있다. 소리는 양극으로 갈수록 더 커져서 바깥으로 가면 갈수록 청중이 있다. 중간 지대는 그 자체가 청중이며 아무 소리도 내지 않고 침묵을 지킨다. 연단에 오르는 동조자들은 더 바깥으로 갈수록 두드러진다. 주동자들은 연단에 오르기만 하지 않고 한 발 더 나와 스포트라이트를 받는다. 적절한 순간에 필요한 한마디를 외침으로써 그 자리를 확보한다. 이 말은 딱 주목을 받을 만큼만 극단적이어야 한다는 뜻이다. 한마디로 동조자들이 배제된 느낌을 갖지 않을 만큼 과하지 않아야 한다. 양극화를 자신에게 유리하게 활용하려면 가시성 라인 안에서 적절한 수단을 써야 한다.

이 가시성 라인은 정체성을 얻게 해준다. 누구든 자신의 본색을 드러내는 사람은 정체성을 강화할 수 있다. 청소년을 예로 들어보자. 소심한 학생보다는 우파나 좌파로 치우친 극단주의 학생이 인기가 더 많다. 주동자와 동조자가 자신의 정체성에 더 많이 투자할수록 견제하거나 절제시키기가 더 어려워진다. 바깥으로 향하는 길에 있으면 양극화는 늘 더 많은 것을 요구한다. 이 역학은 교묘하게 작동하므로 역할을 맡은 사람들도 종종 알아차리지 못할 정도다.

과격화는 젊은이들의 마음에 때로는 이런 질문을 심는다. 나는 어디 쪽 사람인가? 신념에 사로잡혀 두 빌딩을 무너뜨린 테러리스트인가 아니면 '자유 서구 시민들'이라는 이름 아래 한데 묶

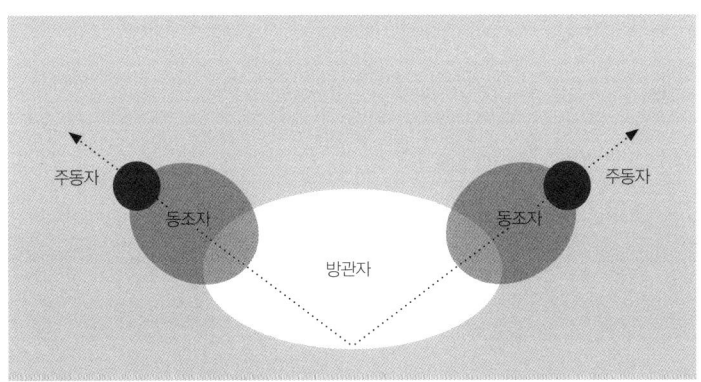

[그림 5] 주동자, 동조자, 방관자, 가시성 라인

이는 피해자들인가? 이 젊은이들은 그 어느 쪽도 아니다. 끝내 아무것도 모르는 젊은이일 뿐이다. 그러나 일단 한번 흑백 논리에 뛰어들면 정체성과 확신을 얻을 수 있으며, 공감대를 형성한 사람들 곁에 서게 된다. 이런 현상은 긴장 지대의 양방향에서 모두 찾아볼 수 있다.

가시성은 사람들에게 동기를 주는 주된 요소다. 자신의 정체성을 잘 이해하고 확립하는 일은 인간 복지에서 중요한 조건이다. 그것은 내가 '가시성 라인'이라고 이름 붙인 곳에 여러 힘이 모이게 한다. 다른 맥락에서 정체성 선이나 과격화 선이라고 불러도 마찬가지다. 아니면 궁극적으로 의사소통의 선이다. 즉, 양극에서 일어나는 단독 발언의 형태를 벗어나 토론과 논쟁을 통한 중간 지대의 대화 형태로 이동한다는 뜻이다. 따라서 우리의 능력, 양극을 대화에 참여시키느냐 못 시키느냐 하는 문제는 이 선에 반영이 된다. 이것은 우리가 늘 보고 싶어 하는 상황이지만 시의적절하게 일어나지는 않는다.

역할 ④
중재자

지금까지 세 역할로 긴장 지대를 설명했다. 이제 모든 양극화 상황에서 그 존재를 지울 수 없는, 네 번째 역할이 등장할 때다. 중재자는 다른 이들보다 높은 위치를 차지한다. 중재자는 양극화에 대해 조치를 취해야 한다고 생각한다. 그래서 양극단을 관찰하고 양극의 세계관에서 결함을 찾아낸다. 이런 결함을 이유로 삼아 중재자는 개입을 시작한다. 일반적으로 중재자는 대화를 주선하고자 한다.

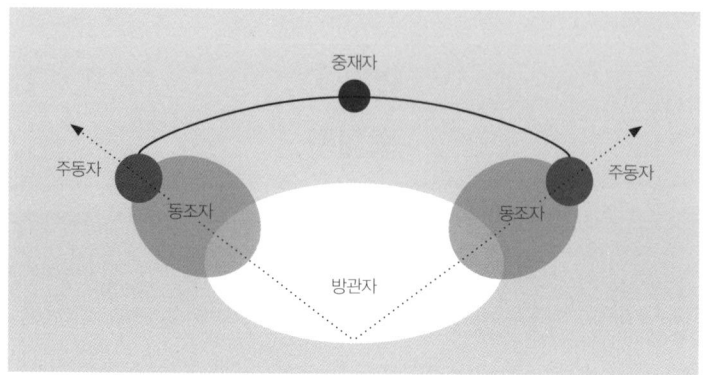

[그림 6] 주동자, 동조자, 방관자, 중재자

　합리적으로 각각은 언제든 견해나 비전을 교환할 수 있어야 한다. 물론 서로가 분명히 차이점을 집어내고 유사성을 찾을 수 있어야 하는 것도 중요하다. 양측 공동체의 권위자나 대변자들은 회담 참여를 요청받는다. 네덜란드라면 문제 해결을 위해 편하게 앉아서 진지한 대화를 나누는 것이 적절할 수 있지만, 레바논이라면 그보다는 평화 협상이 더 필요할 것이다.

　나는 보스니아에서 중재자들이 양측의 화해를 위해 마련한 회의에 참여한 적이 있었다. 이런 경우 개인 간의 대화부터 양극 간의 대화까지 대화는 오히려 갈등을 조장하는 매개체로 작용하기도 한다.

중재자는 다양한 전략을 차용한다. 때때로 중재자들이 쓰는 치유법이자 양극화에 대항하는 도구는 '반대 담론'이다. 중재자는 반대 담론을 만들어냄으로써 주동자나 동조자들이 다양한 시각을 고려하고 중재적인 입장을 취하도록 유도한다.

프랑스의 극우파 국가주의자가 "난민이 이득을 취한다"고 전쟁을 선포할 때, 중재자는 반대 담론을 통해 난민의 인간성, 아동 권리, 그리스-튀르키예 국경에서 일어나는 비인간적인 고통을 강조해 대응한다는 의미다. 또 좌익 난민활동가가 프랑스인이 받는 위협에 대해 전혀 동의하지 않는 경우, 중재자는 반대편이 느끼는 경제적인 우려를 강조할 수도 있다. 중재자에게 극단화를 완화하고 균형을 찾기 위해 긍정적인 영향을 주는 반대 담론을 제시하는 것이 중요해서다.

그러는 동안 중재자는 의도치 않게 주동자의 마음에 들 만한 일을 한다. 좋은 의도에도 불구하고 양극화에 연료를 공급하는 일이 그것이다. 양측 주동자의 대화 분위기를 만들고 양극이 입장을 발언할 기회를 제공하며 반대 담론을 만드는 것 자체가 연료를 제공하는 행동이다. 주동자가 중재자를 용인하는 이유는 중재자들이 자극을 제공하는 원인이어서 그렇다. 레바논의 한 훈련생이 "대화를 혐오한다"라고 말한 이유이기도 하다.

대화는 늘 주동자에게만 기회를 제공한다. 중간 지대에는 기회가 좀처럼 없다. 여기서 중재자가 오해하는 것이 있다. 협곡 중간에 다리를 짓는 일이 가능하다고 생각하는 것이다. 협곡이 굉장히 깊다면 공중에서 시작한 중재는 마무리될 가능성이 전혀 없다. 성공 희망이 없는 임무와 같다.

주동자는 중재자를 용인하기는 하지만, 반대편과 진정한 대화를 나누고 싶어 하는 경우는 드물다. 헤이르트 빌더르스와 마린 르 펜은 상대방과 대화 나누는 것을 싫어한다. 지하디스트는 세속주의자와 대화하고 싶어 하지 않는다. 주동자는 자신들의 단독 발언만 계속 확장할 뿐이다.

중재자도 연료를 공급하고 주동자도 연료를 공급하지만, 또 다른 연료 공급자를 빼놓을 수 없다. 양극화 과정을 부추기는 언론이다. 언론이 꼭 악의로 그러는 것은 아니다. 미디어라면 으레 다양한 목소리를 전해야 한다고 생각하기 때문이다. 전문 기자라면 '찬성과 반대, 양측의 얘기를 들어야 한다'는 모토가 있다. 이는 저널리즘이 주동자와 동조자 모두에게 무대를 제공한다는 것을 의미한다. 시청자, 독자, 청취자(중립에 있는 자)는 자신들이 보고 듣는 것을 기반으로 의견을 형성할 수 있다. 따라서 미디어는 양극화에서 기폭제 역할을 한다.

미디어는 매일 가시성 라인을 보여준다. 패널 둘이 나와 뜨거운 이슈를 논하는 TV 토크쇼는 양극을 명확히 구분할 수 있을 때만 시청자들의 흥미를 끈다. 일반적으로 이런 쇼는 단독 발언과 논쟁을 보여줄 뿐이다. 진정한 토론은 극히 드물다. 진정한 대화에 쓸 돈과 시간은 주어지지 않아서다.

여기서 흑백 논리에 빠지지 않은 채 연료 공급자가 누구인지 구분하는 것이 중요하다는 점을 언급하고 싶다. 주동자는 모든 것을 인지한 상태로 연료를 공급한다. 중재자는 좋은 의도로 의도치 않게 연료를 공급한다. 미디어는 이 상호 작용에서 기폭제 역할을 하며, 산출량이 높아서 양극화를 촉발하는 제1의 연료 공급원이 된다.

역할 ⑤
희생양

 다섯 번째 역할은 양극화가 과도하게 심각해질 때 생겨난다. 양극화의 압력은 훅 올랐다가 재빨리 떨어질 수 있다. 흑백 논리는 입지를 만들어주기도 입지를 빼앗기도 한다. 양극화의 역학은 숨을 들이쉬고 내쉬는 폐와 같다. 양극에 있는 동조자 그룹은 상황에 따라 증가하거나 감소한다.
 양극화 압력이 높아지면 동조자는 생각을 같이하는 사람들을 끌어들여서 중간에 있는 그룹이 감소한다. 두 진영이 서로 대립하는 가운데 흑백 논리는 정점에 다다르게 된다. 이런 시나리오에서 주동자는 가시성 라인 위에서 조심스럽게 나아간다. 주동자는 스포트라이트를 받으며 선두 끝에 서기를 원한다. 이것을 위해 좀 더 극단적인 수단이 필요하다면 주동자들은 당연히 사용한다. 주동자는 군중 속으로 사라지지 않기 위해 애쓴다. 이런 행동이 문제가 되는 이유는 양극화가 심할수록 중간 그룹이 동조자가 돼 중간이 줄어들고, 동조자는 주동자가 돼 원래 있던 주동자가 통제력을 포기하게 되기 때문이다.

그러면 최종적으로 마치 내전 같은 상황이 발생한다. 이는 르완다에서 후투족과 투치족이 제노사이드를 벌이게 된 일을 떠올리게 한다. 양극화 압력은 아주 단기간에 정점을 찍었다. 정부 비행기가 추락했을 때, 한 라디오 방송사가 후투족이나 투치족이 그랬을 것이라고 주장했다. 이때만 해도 양극화가 거의 없었다.

방송에서는 그런 일을 벌인 쪽을 '바퀴벌레'라는 위험한 단어로 낙인찍었다. 양극화의 어느 지점에서든 누군가 상대방을 해충에 비교한다면 이는 인간의 도리를 넘어선 것이다. 우리 모두 바퀴벌레를 어떻게 해야 하는지 알고 있다. 밟아 죽여야 한다! 사흘도 채 되지 않아 한 나라는 전쟁터가 됐다.

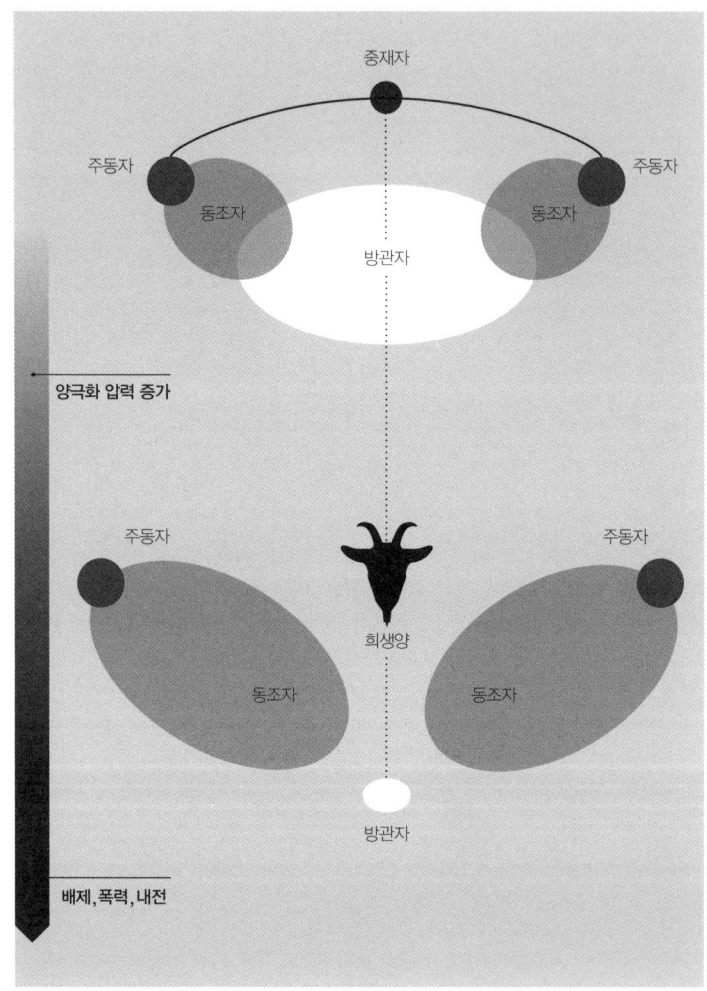

[그림 7] 양극화 압력, 극도의 양극화와 희생양 라인

르완다의 선택지는 고작 2가지였다. 후투족이든지 투치족이든지. 모든 것을 집어삼킬 듯 맹목적인 분노 앞에서 중립적 위치나 무관심한 태도, 심지어 미묘한 입장 차이를 보이는 것 자체가 불가능해졌다.

내전은 양극화의 최종 단계다. 여기서 중간 지대는 어떤 옹호도 받지 못한다. 군대가 개입함으로써 "난 후투족도 투치족도 아니니 좀 내버려 두시오"라고 말하며 위안을 찾을 수 있는 르완다인은 한 사람도 없었다. 중간 지대는 사형을 감수해야 하는 접근 금지 구역이 됐기 때문이다.

다섯 번째 역할은 희생양이다. 희생양은 정확히 중간 지대에서 찾을 수 있다. 우리는 중간 지대의 허용 범위를 기준으로 양극화 압력을 측정할 수 있다. 어느 순간 이 허용도가 제로가 되는 때가 있다. 그러나 희생양을 발견할 수 있는 시점은 이보다 훨씬 전이다.

희생양은 중간 지대에서 발견된다. 양극단에서는 찾아볼 수 없다. 극단은 희생양이 아닌 적이 존재하는 곳이어서 그렇다. 이 역할은 희생양과는 근본적으로 다르다. '희생양'이라는 단어는 〈레위기〉 16장에서 비롯됐다. 〈레위기〉에서 사람들은 전체 백성의 죄를 상징적으로 양에게 지우고 사막으로 추방해 인간의 죄를 청산하는 의식을 행했다.

희생양이 중간 지대에서 발견된다는 이 이유로 인해 중재자는 이 역할에 딱 맞는 후보가 된다. 중재자들은 평화로울 때도 완전한 신뢰를 받지 못한다. 중재자들은 양극에 이익이 될 때만 그 존재가 받아들여진다. 하지만 서로 신뢰하는 관계는 극히 드물다.

내가 이슬람교도-비이슬람교도 갈등에서 본 바에 따르면, 종종 중재자들의 평판이 땅에 떨어지는 경우가 있었다. 만약 이슬람교도들이 중재자 역할을 하고 싶다면 자기 민족에게 바운티바초콜렛*, 즉 배신자로 보이지 않도록 신경 써야 한다. 그들은 비이슬람교 진영에서 용인받을 수는 있겠지만 동시에 "우리는 양의 탈을 쓴 늑대를 상대하는 것인가. 이 사람의 진짜 의도는 무엇인가"라는 평가를 받는다는 사실을 인지해야 한다.

내 시각에서 보면 이슬람교도 교수인 타리크 라마단 같은 사람의 운명이 정확히 이런 식이었다. 그 교수는 스위스 출신으로 유럽의 이슬람화를 촉진했지만, 프랑스나 네덜란드에서 토대를 다지지 못했다. 결국에는 유럽 그 어디에서도 성공하지 못했다.

---

* 바깥은 까맣고 안은 하얀 코코넛으로 채워진 초코바.

그러나 비이슬람교도 중재자도 이런 운명을 똑같이 겪고 있다. 관계를 개선하기 위해 노력하는 사람이라면 누구라도 비방의 목표가 될 수 있다.

'똘똘 뭉치자'라는 모토를 세운 시장은 종종 순진해 빠졌다는 비방을 받는다. 그렇다면 결정적인 개입은 어디서 일어나는가. 적과 차 한잔하며 대화하는 일은 이슬람이 위험에 빠졌다는 사실을 부정하는 것과 같다. 이런 비방은 아주 기본적이지만 효과가 좋다. 이렇게 긴장도가 올라가면 첫 희생자는 중재자들이 된다.

중간 지대는 위험 지대다. 이 지역에서 다양한 전문가를 만날 수 있는데 차차 다룰 것이다. 시장 역시 중간 지대에 영향을 주는 역할을 하지만, 양극단과는 따로 떨어져 독립적으로 활동한다. 만약 사람들의 감정이 과열되더라도 우리는 시장이 감정이나 기회주의에 휘둘리지 않기를 원한다. 시장의 직무에서 중재자 능력은 필수 역량에 속한다. 난 시장을 교육하면서 시장이 희생양이 될 수 있는 위치에 있다는 사실을 죽 봐왔다.

파리와 브뤼셀 테러 이후 몰렌베크의 전 시장 필립 무로는 희생양이 되고 말았다. 여러 해 동안 안전 문제를 방치하는 정책을 펼쳐서다. 사람들이 보기에 필립 무로는 단호한 행동이 부족했다. 사람들은 책임 있는 당사자를 찾아야 했다. 물론 경찰도 실패한 것은 마찬가지였다. 그래서 우리는 희생양 자리에 또 다른 직업군을 집어넣게 됐다.

긴장이 심해지자 경찰이 용의자가 됐다. 양극화에서 경찰이 공격 대상이 되는 경우는 잦다. 훌리건들은 야당 지지자들을 표적으로 삼지 않는다. 대신 제복을 입은 사람들을 공격한다. 양극화로 고통받는 학교에서 교사들은 똑같은 운명으로 고통받는다. 교사들은 인내심을 가지고 학생들을 이해시키려고 노력하지만 결국 학생들의 마음을 건드리지는 못하기 때문이다. 교사들은 신중하게 접근하기보다는 다른 해결책, 즉 보다 급진적인 해결책을 원한다. 교사는 중재자가 되고 학생들도 이를 인지하지만, 결국은 모두가 교사를 용의자로 대하게 된다.

기자들도 제대로 된 일을 하지 못한다. 기자들은 사람들로부터 일정 수준의 호의를 받기도 하지만, 때때로 변덕에 의해 모든 호의를 잃는다. 기자들은 항의 시위에서 절대 환영받지 못하는 존재다. 심지어 때로는 된서리를 맞기도 한다. 희생양은 죄책감과 분노를 해소하는 안전장치를 제공한다.

사람들은 자신의 말이 타인에게 가닿기를 원한다. 하지만 극도로 양극화된 분위기에서 메시지를 전달하는 자는 주동자와 동조자가 원하는 말만 해야 한다. 만약 기자가 진정한 중재자처럼 행동하면서 따져본다면 즉 상대방의 발언을 평가하고 비판하거나 심지어 반박하면 적의 전령처럼 여겨지게 된다. 그러면 기자들이 기대할 수 있는 것이라곤 없다. 고작 희생양이 가진 유서 깊은 운명에 함께해야 한다는 것뿐.

정리

앞에서 보여준 이미지는 강박적이다. 5가지 역할이 함께하는 상호 작용에서 양극화는 자체적인 역학으로 돌아가며 특정 방향, 즉 밖으로만 움직일 수 있다는 것을 보여주어서 그렇다. 연료 공급자들은 자신이 맡은 역할을 성실히 한다. 평화를 확립하려는 고귀한 의도조차 실제로는 양극화를 강화한다.

발칸 전쟁을 원했던 사람은 얼마나 됐는가. 거의 없었다. 능동적인 행동 없이 발칸 전쟁을 시작하는 데 기여한 사람은 얼마나 됐는가. 많았다. 이슬람교도와 비이슬람교도 간의 격차가 벌어지기를 원하는 사람은 얼마나 되는가. 거의 없다. 그 격차가 깊어지게 만든 사람은 또 얼마인가. 지금 현재로 보면 셀 수 없을 만큼 많다. 이 수치는 분명히 소셜 미디어를 사용하는 사람을 포함한다. 이 사람들은 조심스럽게 불만을 제기하기보다 정돈되지 않은 공격적인 의견을 훨씬 자주 올려서다. 이런 역학(양극화)은 무력함이라는 특징이 있다. 이 괴물은 자신이 원하는 것을 하며, 자신의 삶을 이끈다.

여기서 추상적인 개념, 우리-그들 사고를 다루고 있다는 사실은 이 현상이 얼마나 애매한지를 드러낸다. 이 이미지는 종종 몇 년간 소중하게 다뤄진 후 적절한 때 우리-그들 사고를 강화하는 데 쓰인다. 전쟁이 끝나고 여러 세대가 지났지만 우리는 여전히 옳고 그름, 친구와 적이라는 대립을 고수하고 있다. 이것은 기억, 생각, 대화, 토론, 단어 선택, 태도 사이에 존재하는 강박적 상호 작용이다. 치료법도 없을뿐더러 해결책도 쉽지 않다. 괴물이라는 비유를 다시 들면 우리는 머리가 여럿 달린 이 짐승을 꽉 묶어놓아야 한다.

우리-그들 사고에 대한 간략한 설명을 통해 꼭 필요한 첫 관문에 발을 디뎠다. 각 역할을 명확히 설명하고 기본 동기와 사회 법칙을 식별하는 생각의 틀을 선택함으로써 양극화를 줄이는 관점에 보다 집중할 수 있게 됐다. 그렇다고 좋은 것이 좋은 것이라는 낙관론을 펼치자는 것은 아니다. 이런 생각은 더 나은 판단에 장애물로 작용할 것이다.

나는 훈련생을 양성하면서 양극화의 역학이 뿌리 깊게 박혀 있으며 사회의 근본까지 영향을 미친다는 점을 지켜봤다. 하지만 양극화가 어떻게 작용하는지 분석하고 어떻게 하면 양극화를 줄일 수 있는가, 아니 양극화 전략으로 어떤 일을 할 수 있는가 하는 질문으로 넘어가기 전에 기저에 깊이 깔린 추론을 드러내기 위한 2단계부터 밟고 싶다.

양극화의 동생이라 할 수 있는 갈등의 역학은 무엇인가. 갈등과 양극화에서 우리는 인간 본성을 어떻게 보고 있는가. 해결책을 찾기 전에 이 2가지 기본 질문에 먼저 답해야 한다.

2부

갈등: 양극화의 동생

3장

올바른 이해

●

 갈등은 삶의 일부다. 우리는 알고 있다. 갈등은 새로운 것이 아니라는 것을. 이를테면 불교 전통에서는 갈등을 '인간의 고통'으로 분류해 불교라는 종교의 중심 위치에 놓았다. 기독교에서 십자가는 중심적 상징으로 신도는 이를 통해 갈등과 고통이 삶에 필수 요소라는 것을 알게 된다. 이슬람교에는 큰 지하드와 작은 지하드가 존재한다. 각각 '분투'와 '전투'를 뜻한다. 큰 지하드는 이슬람교도가 올바른 길, 평화의 길을 찾기 위해 벌이는 내적 갈등으로 악과 싸우는 것을 말한다.
 보다 세속적인 철학에서도 갈등을 발견할 수 있다. 유물론자들은 무엇이든 성취하려면 노력이 필요함을 인식했다. 로마의 철학자 세네카가 말했듯이 "마찰 없이는 보석을 연마할 수 없고, 시련 없이는 사람을 완벽하게 만들 수 없다." 또는 오늘날 격언처럼 "고통 없이는 소득도 없다." 심오한 이념을 지닌 영적인 사람은 인생에서 장애물을 만나 발전해야만 한다. 갈등은 영적 성장이 일어나게 해주는 조건이 된다.

내가 아는 한 종교적 이념 가운데 갈등이라는 개념이 넓은 의미에서 중심에 위치하지 않은 경우는 없는 것 같다. 그 이념이 결국 말하고자 하는 것이 무엇이든 상관없이. 그것은 계몽일 수도, 구원일 수도, 낙원일 수도, 인생에서의 성공일 수도 혹은 음과 양의 완벽한 조화일 수도 있다.

갈등은 양극화의 '동생'으로, 여기서 작동하는 역학은 실제 양극화와 밀접하게 관계 있다. 이 둘은 가족처럼 가깝다. 하지만 갈등은 매우 다양한 형태로 나타날 수 있으므로 정의부터 내려야 할 것 같다. 고통, 십자가, 지하드, 마찰, 장애물 같은 개념 모두 갈등에 속한다. 이 개념으로부터 떠오르는 모든 징후도 여기에 포함된다.

따라서 말다툼은 분명히 갈등에 속한다고 할 수 있다. 칼로 공격하는 것, 의견 차이, 법정 소송, 사소한 싸움이나 대립도 마찬가지다. 물론 더 심각한 형태의 갈등도 존재한다. 박해, 강간이나 살해 등의 범죄, 전쟁과 대량학살이 여기에 포함된다. 갈등은 사소한 것부터 큰 것까지 단계별로 나타나는데, 각 단계에 이름을 붙일 수 있다. 지금 이것을 언급하는 이유는 우리가 갈등이라고 했을 때 너무 쉽게 한 형태만 먼저 떠올리기 때문이다. 대부분 이유는 최근에 그러한 사례를 접했거나 신문에서 읽어서일 것이다.

'갈등'이라는 용어는 더 자세히 분해해야만 한다. 나는 발칸 지역에서 다양한 갈등 상황을 접한 콜린 크레이그를 통해 그것을 배웠다. 콜린은 북아일랜드 벨파스트에서 오랜 시간 활동하며 접했던 중재 경험 덕분에 유고슬라비아의 분열 상황 속에서 대화를 중재해달라는 요청을 받았다. 데이턴 평화 협정으로 발칸 전쟁이 공식 종료된 후 꽤 오랜 시간이 지난 후의 일이었다.

이 대화를 시작하며 콜린 크레이그는 흔히 거론하는 '조화롭고 평화롭게 살기'라는 단어를 선택하지 않았다. 오히려 "갈등에 대해 말해봅시다"라고 했다. 이런 발언으로 시작하자 어색한 침묵이 길게 이어졌다. 사람들은 뭐든지 말할 준비가 돼 있었지만, 그 주제에 '갈등'은 포함하지 않은 것이다. 이 문장 하나로 대화 참여자들의 입을 다물게 하기에 충분했다.

여기서 사람들이 생각한 갈등은 단 하나의 단계로 하나의 형태만 가지고 있었다. 전쟁, 파괴, 대량학살이었다. 단어 자체가 워낙 단호해서 사람들의 생각이 마비되고 만 것이다. 뻔히 보이지만, 모른 척하며 인정하기 싫은 주제였기 때문이다. 그렇더라도 거기서 끝나면 안 된다.

평화를 논의하려면 일단 갈등부터 거론해야 한다. 방금 본 사례처럼 하나의 형태에 얽매이지 않고, 좀 더 넓은 의미로 다가가야 한다. 확실히 가능한 일이다. 모든 갈등의 주요 특징은 같아서다. 가정의 다툼, 놀이터에서의 실랑이, 집안끼리의 불화 혹은 전쟁이든 간에 말이다.

갈등은 보편적인 역학, 일련의 특성이 있다. 콜린 크레이그가 북아일랜드에서 중재자로 일한 경험을 통해 구상해낸 빙하 모델에 잘 드러나 있다. 여기서 콜린 크레이그의 말을 참고하며 몇 가지 요소를 소개한다.

갈등의 7단계

갈등은 기본적으로 7단계로 구성된다. 그러나 처음으로 갈등을 눈치챘을 때는 처음 두 단계가 이미 발생한 경우가 많다. 갈등의 열기 속에서 사건이 불붙는 단계가 돼서야 당사자와 방관자 모두 분쟁을 인지하게 된다는 의미다. 여기에는 소·중·대 단계를 적용할 수 있다.

가정에서 일어나는 일부터 전쟁까지 몇 가지 갈등 상황을 들어보겠다. 여기 결혼한 부부가 있다. 한 사람이 치약 뚜껑을 닫는 것을 잊었다. 한두 번이 아니다. 이러면 상대방을 열받게 할 수 있다. 악화 단계다.

1914년 사라예보 거리 모퉁이에서 발생한 일은 전 세계적 사건에 가깝다. 가브릴로 프린치프가 합스부르크 왕세자인 프란츠 페르디난트 대공과 부인을 총으로 살해했다. 이 사건은 사람들을 격분하게 함으로써 긴장이 악화했고, 결국 제1차 세계대전이 촉발됐다.

규모는 더 작지만, 여전히 심각한 사건이 있다. 2015년 네덜란드 헤이그의 이민자들이 주로 모여 사는 스힐데스우아이크에서 일어난 일이다. 아루바에서 온 여행자 미치 엔리케스가 경찰에 의해 질식사당했다. 이 사건은 심각해져 이후 암스테르담에서 폭

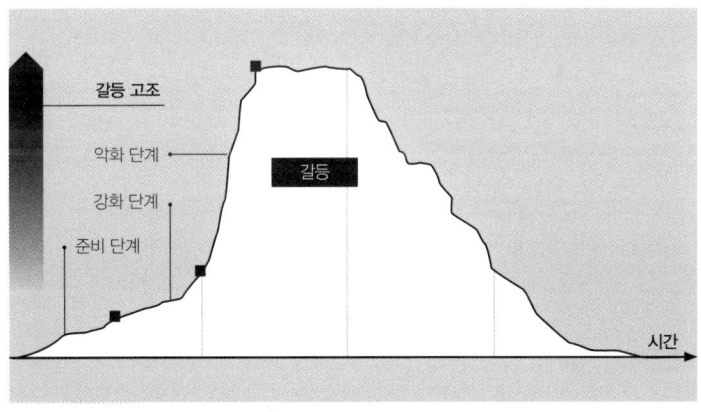

[그림 8] 갈등 ① 역학

올바른 이해   89

동이 일어나는 계기가 됐고, 이 소식은 사흘 동안이나 지구촌 뉴스를 장식했다. 간단히 말해 이런 예시들로 우리는 모든 사건에 갈등을 시각화하는 악화 단계가 있다는 사실을 알 수 있다.

[그림 8]을 보면 악화 단계 전에 두 단계가 있다는 사실을 알 수 있다. 준비 단계와 강화 단계다. 치약 뚜껑을 제대로 닫지 않은 사람은 상대방의 분노가 폭발하기 전 주에도 이미 집안일을 자주 방치했다. 사건은 단지 무엇 하나만으로 일어나지 않는다. 이전 시간 동안 분노가 쌓여야 폭발한다. 이때는 강화 단계 기간으로 1시간, 하루, 한 달 또는 그 이상이 될 수 있다. 문제는 사건이 발생할 수밖에 없었다는 점이다. 부부가 그것을 의식했든 아니든. 그러나 사람들은 그 징후를 무시하고자 하는 경향이 있다.

다음 예를 보자. 20세기가 막 시작된 1908년, 오스트리아-헝가리가 보스니아 헤르체고비나를 합병한 후 사라예보에는 긴장이 오래 이어졌다. 사람들은 제국의 지배에 대해 다양하게 토론하고 논쟁했다. 이 시기를 정확하게 첫 단계와 연결할 수 있다. 갈등은 때때로 강화 단계에 들어가기 전 준비 단계에서 긴 도움닫기를 하기도 한다. 앞서 언급한 부부처럼 밀접하고 길게 가는 관계에서 일어날 수 있다.

불운했던 프란츠 페르디난트 대공 사건은 1878년 오스만튀르크를 추방한 이후 발칸 반도에서 수십 년간 긴장 상황이 지속된 가운데 터졌다. 헤이그의 스힐데스우아이크 지역에서는 주로 백인 경찰과 유색 인구 사이의 관계 속에서 장기간 불안이 끓어오르고 있었다.

이것은 준비 → 강화 → 악화 단계다. 이 세 단계 뒤에는 유지 단계가 이어진다. 사건 속에는 분노가 도사리고 있다. 이 분노는 억제할 수는 있지만 사라지지는 않는다. 갈등의 유지 단계가 되면 사람들은 화해할 여력이 없다.

이 단계에 이르면 치약 뚜껑을 덮지 않은 쪽이 변명을 늘어놓아도 반대편은 받아주지 않는다. 이미 치약 뚜껑을 다시 닫고, 샤워 배수구에서 머리카락을 치우고, 싱크대 문을 닫고, 불을 끄고, 수건을 개는 일을 혼자 하는 데 이골이 나 있어서다…. 분노가 고조되면 우리는 차이점에 집중하고 갈등을 유지한다. 갈등에서 벗어날 방법을 찾기보다는 갈등을 유지하는 데 더 치중하는 한 유지 단계는 계속 이어진다. 그렇지만 유지 단계 역시 언젠가는 끝이 난다.

갈등에 몰두하는 일에는 에너지가 필요하지만, 그 에너지 역시 언젠가는 소모된다. 영국 벨파스트의 경우, 사흘간 일어난 충돌 끝에 경찰은 유지 단계가 언제 끝날지 감을 잡았다. 수면 부족에 시달리던 시위자들이 이런 사실을 깨닫기 시작해서다. 경찰에게 돌을 던지고 물대포를 피해 도망 다니는 것보다 가정에서의 역할을 되찾고 일상생활을 회복하는 것이 훨씬 더 중요하다는 것이다.

어떤 갈등 상황이든 유지 기간에는 늘 한계가 있기 마련이다. 가브릴로 프린치프가 벌인 사건이 유지 단계를 4년이나 지속했음을 알고 있다. 이 사건으로 가브릴로 프린치프는 의도치 않게 전쟁을 촉발하고 만다. 1914년에서 1918년 사이, 독일이 공격적으로 이끌고 다수가 참여했던 전례 없는 갈등이 발생했다. 두 진영으로 양극화된 모두의 집요함 때문에 당사자 모두의 진력을 빼는 전 세계적 전쟁이 발발했다.

그러니 에너지가 감소하는 지점이 매우 중요하다. 갈등을 끝내는 것보다 유지하는 데 더 많은 에너지가 필요하다는 사실을 깨달으면 새로운 단계에 들어선다. 이 단계는 중재자에게 가장 흥미로운 구간이다. 양측은 아직 손에 도끼를 쥐고 있고 언제든 꺼내 쓸 수 있지만, 적어도 이제는 테이블에 둘러앉아 갈등에 대해 논의를 할 수 있기 때문이다.

이제 원칙적으로 재연결 단계가 나타난다. 중재자가 관련 당사자들을 초대해 각자의 얘기를 나누라고 권할 수 있는 순간이

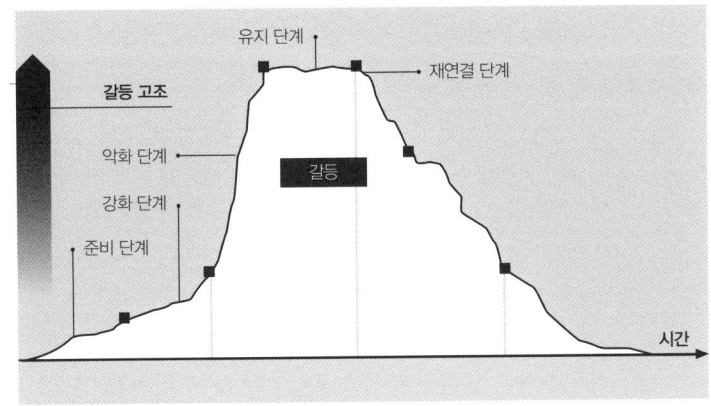

[그림 9] 갈등 ② 역학

다. 이 과정에서 다시 분쟁이 촉발되지 않는다면, 이것은 감수할 수밖에 없는 위험이지만 양측이 의견을 나눈 후 서로의 얘기를 들을 수 있는 상호 인정의 단계가 시작된다. 말하기와 듣기의 균형이 회복되는 것이다.

　이런 단계를 성공적으로 거치고 나면 도발을 일으켰던 원래 사건 뒤에 숨겨진 진짜 문제를 찾아내고 토론할 수 있다. 치약 뚜껑 문제 뒤에는 정리정돈 문제, 일을 부탁하고 업무를 분담하는 문제가 있음을 알 수 있다. 1914년에 일어났던 불길한 암살 뒤에는 자기 민족에 대한 인식의 문제, 민족자결권, 무력감 문제가 도사리고 있다. 헤이그에서 일어난 미치 엔리케스의 사망 사건 뒤에 있는 것은 긴장 가득한 양극화 사회에서는 협상이 불가능한 인종 다양성 문제다.

재연결과 인정 단계를 지나고 나면 마지막 단계로 이어질 수 있다. 화해 단계다. 이 단계에서는 당사자들의 합의에 따라 전환점이 정해진다. 집안일을 새로 나누고, 화장실 정리도 적절하게 합의한다. 독일의 패배 이후 새로운 국경선이 그어진 것처럼 말이다. 네덜란드 법원은 엔리케스 체포 사건에서 시시비비를 가렸고, 불행하게도 우발적인 일이었지만 여전히 부당했다는 합의에 도달했다. 다시 말해 새로운 상황으로 접어든 것이다. 이것은 이제 변화를 위한 작업에 착수할 수 있게 됐음을 의미한다. 하지만 종종 이 단계를 소홀히 여긴다.

진정한 화해 단계에 다다르면 상대방을 진정으로 다르게 바라보는 법을 배울 수 있다. 적에게 얼굴이 생긴다는 뜻이다. 상대방에 대한 이해가 깊어지면 그들이 가진 이미지가 변하고, 갈등에 기여한 역할을 다시 생각하면서 새로운 시각을 얻게 된다. 그러나 이 단계를 종종 뛰어넘는다.

남아프리카공화국의 아파르트헤이트 이후, 넬슨 만델라는 화해 과정에서 이 단계를 빠뜨리면 안 된다고 주장했다. 만델라는 이 단계를 거쳐야만 미래가 있을 것이라는 사실을 알고 있었다.

미래가 갈등의 온상지가 되지 않게 하는 일은 중요하다. 이 최후 단계를 소홀히 하는 것은 후속 갈등의 서곡을 울리는 것과 다름없다. 1차 세계대전 이후 2차 세계대전이 일어난 것은 그런 이유다. 독일과 프랑스는 각자 상처를 핥고 동맹국들은 배상금이나 처벌에만 관심을 두었지 실제로 상대방에게 접근한 쪽은 없었다.

우리는 갈등의 열기가 식었다는 이유로 변화 단계에서 화해 과정을 생략하는 경우가 잦다. 헤이그의 스힐데스우아이크에는 이제 다시 평화가 찾아왔는데, 무엇 하러 굳이 들쑤시겠는가. 지방 당국이나 정부 기관들은 종종 변화 단계를 맞기도 전에 지원을 중단한다. 이제 상황이 관리 가능한데, 무엇 하러 대화하는

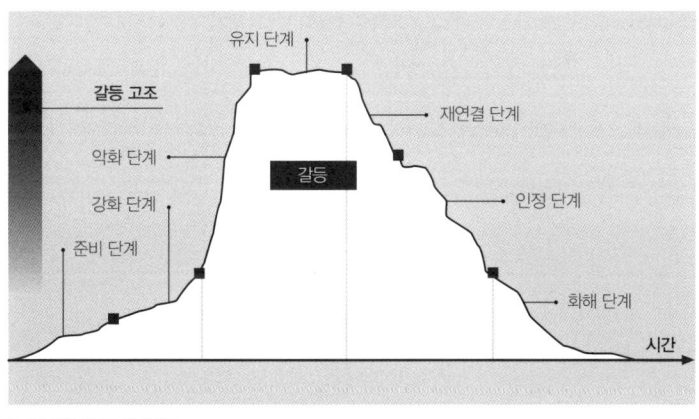

[그림 10] 갈등 ③ 역학

데 돈을 들이겠는가. 이미 그 문제에 충분한 비용을 들였는데 말이다.

지금까지 갈등의 역학을 간략하게 알아보았다. 진행 방식이 임의적으로 보였을 수는 있겠다. 7단계는 몇 분 만에 끝나기도 하고 때로는 수십 년이 걸리기도 한다. 갈등을 처리해야 하는 사람은 관련 당사자가 어느 단계에 있는지를 반드시 고려해야 한다. 이렇게 평가를 제대로 해야만 갈등을 진정시키는 해법을 제시할 수 있다.

필수 질문은 다음과 같다. 양측이 아직도 분노를 쌓고 있는가. 상황이 더 심해질 여지가 있는가. 양측이 긴장을 유지하기 바라는가 아니면 점점 더 분노하고 싶어 하는가. 유지 단계가 아직 끝나지 않았는가. 동의(합의) 후에 실제로 양측이 변화할 기미가 보이는가. 과연 양측은 상대방을 새로운 견해로 바라볼 것인가. 갈등 중재자라면 누구라도 이 필수불가결한 질문에 대답이 나오면 만족할 것이다.

갈등 해결의 4단계

직접 관여하지 않은 갈등 상황에서 중재자 역할을 맡는다면 현 상황이 다음 4단계 중 어디에 해당하는지 정확하게 인지해야 한다. 예방 단계(갈등 악화 전)인가, 개입 단계('에너지가 고갈'되기 전)가 있었는가, 아니면 이미 중재 단계(합의)인가. 그것도 아니면 화해 단계에 접어들었는가. 각 단계는 그에 맞는 역학과 규칙, 가능성이 있지만, 장애물도 존재한다. 각각은 양극화 현상과 밀접하게 관계있다.

양극화(우리-그들 사고)는 갈등과 상호 작용한다. 거기에는 갈등에 연루된 이들과 늘 지켜보는 관객이 존재한다. 관객이 없으면 갈등에 속한 사람들은 항상 지지자를 확보하려 한다. 이 원칙은 그야말로 유치하다.

놀이터 싸움을 떠올려보자. 장난꾸러기 아이 둘이 땅바닥에서 뒹굴고 있다. 처음에는 구경꾼들이 주위로 모여들고, 모두 "싸워라, 싸워라, 싸움 났다!"라고 외칠 것이다. 내가 학교 다닐 때만 해도 그랬다. 구경꾼이 충분히 모일 때까지 이 구호를 외치곤 했고, 아이들은 순식간에 두 진영으로 갈라졌다. 처음에만 해도 누가 싸움을 걸었는지 궁금하지만, 곧 호기심을 버리고 그저 좋아하는 친구의 이름을 목청껏 외쳤기 때문이다. 즉 두 진영, 지지자와 반대자로 나뉘게 된다. 이 싸움은 교사가 도착해야만 끝나곤 했다.

예방 단계이자 유지 단계이기도 한 그 시기에는 관객의 역할이 즉각적으로 중요해진다. 갈등의 주체는 발전 과정에 최대한 많은 사람이 개입하는 것을 원한다. 이때는 보통 모두 관심을 쏟는다. 어릴 적 놀이터에서 일어나는 일이 이런 식이다. 성인이 된 후에는 미디어가 보도하는 갈등·사건·분쟁이 사람들의 관심을 끌게 된다.

이런 일이 얼마나 간단히 일어나는지는 네덜란드의 작은 마을 퀼렘보르흐에서 볼 수 있다. 2010년의 마지막 날 네덜란드에서 이전에는 볼 수 없었던 갈등 사태가 발생했다. 한밤중이었다. 젊은 남자가 몰던 검은 소형차가 젊은 여자를 치고 지나갔다. 여성은 부상당했고, 운전자는 어느 집 앞 화단에 차를 들이받았다.

얼마 안 돼 퀼렘보르흐의 노동자들이 사는 테르바이데에서 두 그룹이 서로를 반목하게 됐다. 몰루카인과 모로코인이 싸우기 시작한 것이다. 악화 단계를 지나자 시장에게는 선택지 하나만 남게 됐다. 그때가 되면 대화는 무의미하기 때문이다. 시장은 시위 진압 경찰을 투입해야 했는데 이것이 최선이었다. 그 후 유지 단계는 단 며칠이 아닌, 몇 주 동안이나 이어졌다. 힘을 쓰는 건

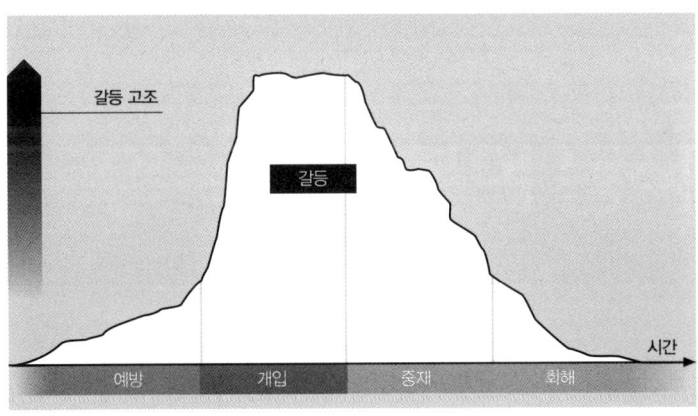

[그림 11] 갈등 해결의 4단계

달패가 생겨났고, 아버지들은 동네 순찰대를 조직해 저녁마다 순찰했다. 많은 일이 벌어지게 된 것이다.

그 후 지역 신문을 통해 강화 단계가 일어났음을 알 수 있었다. 이 모든 사건을 앞두고 몇 달 동안 한쪽 그룹의 청년들이 다른 그룹을 상대로 피를 보겠다고 노리고 있었음이 드러났다. 그러니까 "우리 쪽 여자들 건드리지 마"가 핵심이었다. 시장은 전면에 나서서 경쟁 그룹의 대변인들을 대화 자리로 불러들였다.

몇 차례의 실랑이를 벌인 뒤 지역 신문은 좋은 대화 덕분에 서로의 악감정이 가라앉았다고 보도했다. 그러나 이것은 한 해의 마지막 날 일어날 일의 서막에 불과했다. 그러니까 몰루카인과 모로코인의 역사적 상황 때문에, 수십 년 전부터 준비 단계가 이어져 오고 있었다. 여기서 각 단계를 뚜렷하게 볼 수 있다.

양극화의 상호 작용

양극화의 상호 작용은 놀랍다. 처음 두 단계인 예방과 개입에서는 대규모 그룹이 '우리-그들' 사고방식으로 동원된다. 이것은 빙산 모양 [그림 11]과 같다. 상단의 갈등은 원활한 소통을 통해 곧장 하단으로 이어진다. 갈등은 양극화를 촉진하고 양극화는 갈등을 강화한다. 퀼렘보르흐에 있는 몰루카인은 인근 도시 틸과 레르담에서 지지자들을 모았고, 결국 곁에 서서 부르면 튀어나갈 때만 기다리는 사람들을 확보할 수 있었다.

그러나 맨 아래에 있는 사람들 역시 원활한 소통을 통해 이익을 취했다. 극우파 지도자 헤이르트 빌더르스는 테르바이데 사람들을 모로코인의 범죄 행위로부터 보호하겠다고 선언했다. 네덜란드 국민이 양극화 현상에 기름이 부어지는 것을 목도하는 순간이었다.

TV 토크쇼는 몰루카인은 천사가 아니라고 방송했다. 신문 뉴스는 이슬람교도들이 사람들과 섞이지를 못한다고 썼다. 정체성이 세워지자 날이 갈수록 불길도 강해졌다. 당사자들은 이 사건에서 쓸 수 있는 수단을 모두 긁어모았고 오랜 기간 이어진 갈등을 적극적으로 활용했다.

그러는 한편 퀼렘보르흐 시장은 한계에 도달했다. 이 위험은 이미 몇 달 전부터 촉발된 것으로 보였다. 그런데도 시장은 모두의 에너지가 고갈돼 조용해질 때까지 기다릴 수밖에 없었다. 당시만 해도 양측은 분노를 키우기에 급급한 실정이었다. 양극화는 유지 단계에서 가장 큰 기회를 얻는다. 흑백 논리가 커지는 단계여서 그렇다. 누가 옳고 누가 그른가. 퀼렘보르흐에서 이 단계는 몇 달이나 이어졌다.

9·11 이후 전 세계가 악화 단계를 느꼈고, 이제는 20년째 유지 단계가 이어지고 있다. 당시 조지 부시 대통령은 "우리와 함께하든지 아니면 테러리스트들과 함께하든지 하라"며 양극화의 기

본 법칙을 직접 입 밖으로 꺼냈다. 우리는 여전히 많은 사람이 생각하는 이 지배적인 주제를 따라가고 있다.

9·11 같은 거대한 양극화는 퀼렘보르흐 같은 작은 지역의 양극화를 장악해 강화시킨다. 퀼렘보르흐 시장은 모든 역학을 통제하는 것은 고사하고, 개별 역학과 그 즉각적 영향을 제대로 가늠하지도 못했다. 그러나 현명하게도 가능한 한 최소한의 연료를 공급하는 전략을 선택했다.

양극화는 모든 사건에 메아리 방 효과를 제공한다. 많은 사람이 몰려 들어와 거대 집단으로 성장한다. 이들은 '멀리서 지지하는' 역할을 맡는다. 그렇기에 사건의 세부적인 차이나 뉘앙스까지는 이해하지 못한다. 그렇다 해도 책임 소재가 없는 것은 아니다. 그들의 동기는 불투명하지만, 편견은 뻔히 보인다. 흑백 논리는 단 한 줄의 짧은 발언에서 생겨나지 기나긴 연설이나 비화에서 비롯되지는 않는다. 그래서 양극화는 축소되기보다 더 쉽고 더 빠르게 증가하는 것이다.

다음의 [그림 12]에서 중재와 화해 단계를 보면 빙산의 수면 위아래는 소통이 중단된다. 갈등 요소는 양극화로 나눠진 당사자들을 발전 과정에 포함하지 않는다. 수면 위아래 사이에 경계가 생기는 것은 진중하게 고려해야 할 중요한 요소다. 식접 관련된 사람들은 다시 조화를 이루고 이해하려고 노력하는 반면, 간접적으로 관련된 사람들은 여전히 익숙한 흑백 논리를 따른다.

처음에만 해도 갈등 당사자들은 상대방과 대화 중이라는 사실을 공개적으로 인정하면 체면을 잃을까 두려워한다. 상대방이 합리적인 관점을 가지고 있다는 점을 인정하지 않으니 화해 가능성은 더욱 희박해진다. 빙산의 마지막 두 단계에서 위아래 사이의 모든 소통이 중단되는 것은 보편적 현상이다.

가끔 수면 아래는 수면 위가 멈추는 것에 전적으로 반대한다. 놀이터의 싸움을 예로 들면 꼬마 하나가 싸움을 그만두고 싶어도 구경꾼들 때문에 다시 싸우게 되는 식이다. "시작하면 끝을 봐야지! 우리는 널 밀고 있다고!" 몰입한 관객은 싸움꾼이 후회하거나 뉘우치는 기색만 보여도 크게 실망하고 만다. 양극화에 동조자로 참여한 사람들은 주동자가 후퇴하는 모습을 보면 속았다고 생각한다. 자신들의 기대가 충족되지 않아서다.

이것은 대변인들이 평화를 추구하는 과정에서 단어 하나하나를 얼마나 신중하게 골라야 하는지를 의미한다. 각 문장은 지지자들 앞에서 체면을 잃을 가능성까지 고려해 조심히 선택해야 한다. 민감한 과정을 통해 합의에 도달하면 최종 단계는 조심스럽게 생략된다.

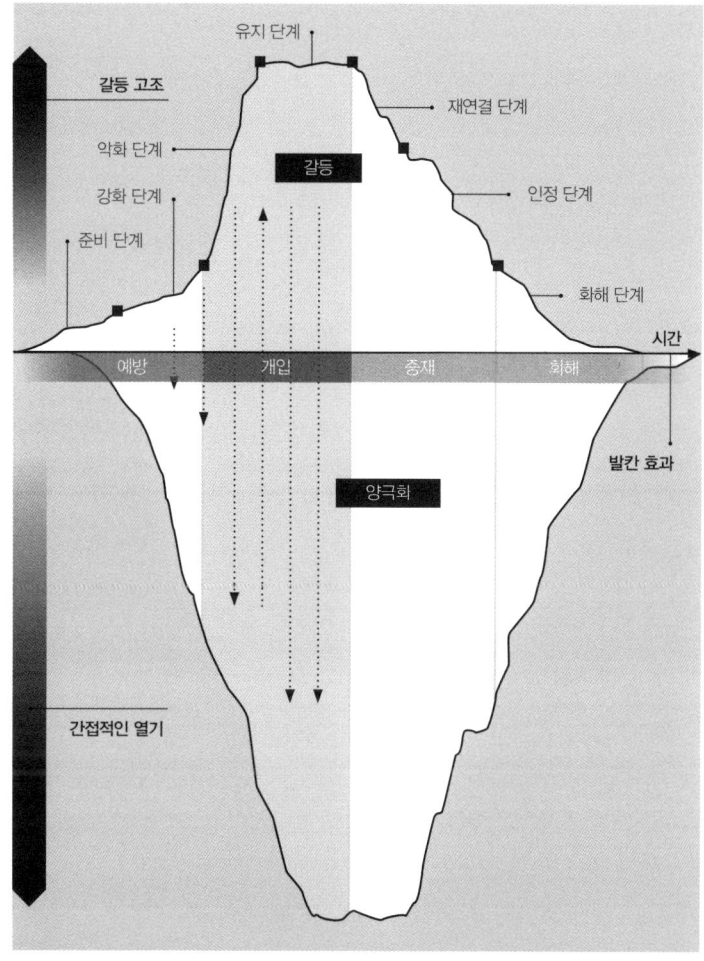

[그림 12] 갈등과 양극화의 상호 작용 수면 위의 갈등과 수면 아래의 양극화

올바른 이해

세르비아와 보스니아에서 갈등의 영향을 직접 받는 사람들에게 이것은 미래를 어둡게 하는 검은 구름과 같았다. 이를테면 사라예보가 폭격으로 완전히 파괴돼 음산해진 것에 영향을 받지 않을 사람이 과연 있을까? 양극화로 나눠진 사회에 살면서 직접 관련이 없는 사람들에게도 마찬가지다.

베오그라드와 사라예보에서 고등학교를 졸업하고 대학에 입학한 학생 세대는 전쟁을 경험한 적이 없다. 이 세대는 그저 전쟁에 대해 들었을 뿐이다. 하지만 부모와 조부모 세대의 얘기를 통해 상대방에게는 악마의 정체성이 씌워지고 말았다. 역사는 고집스럽게 반복됐다. 보스니아와 헤르체고비나 사이의 데이턴 평화 협정이 체결되자 화해 단계에 대해서는 아무도 관심을 두지 않았다. 그런 이유로 [그림 12]를 발칸 효과라고 부른다. 다시 한번 이 도안의 창조자인 콜린 크레이그에게 경의를 표한다!

어느 시점이 되면 직접 연관된 당사자들은 서로 끝을 본다. 그러는 한편 양극화는 끈질기게 지속되며, 약간의 시간차를 두고 물 표면에서 일어나는 단계를 따라간다. 발칸 지역에서 때때로 새로운 전쟁의 발발로 이어진 것이 그 예다.

갈등과 양극화는 상호 작용한다. 양극화를 관리하려면 두 현상의 주요 특징을 올바르게 구별해야 한다. 더불어 갈등을 양극화로 착각하지 않아야 한다. 조합과 회사 간의 문제가 방치됐다가 불거졌다면 양극화가 아닌 갈등이다. 이 전투에 합류하는 사람들의 규모가 크다고 해도 갈등이다.

반대 예를 들어보자. 1970년대 몰루카 출신의 몇몇 납치범들이 네덜란드 북동부의 작은 마을 스밀데의 학교를 점령하고, 흐로닝언으로 향하던 기차를 막았다. 이 행동은 여지없이 갈등이다. 여기에 강력한 양극화가 포함돼 있다는 사실을 인지하지 않는다면 그것은 큰 실수다.

네덜란드와 몰루카 사람들은 서로 대립했다. 이는 양극화를 촉발했고, 몰루카의 자유 전사들이 가진 이상 때문에 몇 년간이나 연료가 공급되는 결과를 낳았다. 몰루카는 1950년 인도네시아 일부가 될 때까지 네덜란드 식민지였다. 오늘날 네덜란드에는 비교적 소수의 몰루카 출신 사람들이 살고 있다. 이 사람들은 주로 네덜란드 군인의 후손들로 잠시만 머물겠다는 목적으로 왔으나 강제로 눌러앉게 됐다.

갈등은 갈등이고 양극화는 양극화다. 수많은 예를 들어 둘 사이의 상호 작용을 설명할 수는 있지만, 양극화에 대한 해결책에 좀 더 관심을 둬야 한다. 양극화를 없애고 싶다면 어떤 협상 노구를 써야 하는가. 과연 치료법이 있기는 한 것인가. 나는 10년이라는 기간의 실무 경험을 거친 후에야 이 해답에 대한 실마리를 찾을 수 있었다. 그 얘기로 넘어가기 전에 철학자로서 나는 이 책에 인간 본성에 대한 가장 근본적이고 중요한 관점과 관계있는 요소를 추가하고 싶다.

4장
인간 본성에 대한 견해

| 다른가 아니면 같은가 |

사람들이 갈등을 겪는 이유는 무엇인가. 우리는 왜 타인의 생각에 민감하게 반응하는가. 여기에는 2가지 대답을 할 수 있다. 첫째, 사람들은 원래 다르므로 갈등이 발생한다. 사람들은 생각·신념·비전·관심사·습관·일상·문화·종교가 서로 다르므로 서로 충돌한다.

예를 들어 이슬람교도들은 동성애를 '하람'(금지)으로 본다는 점에서 비이슬람교도들과 다르다. 남성은 금성에서, 여성은 화성에서 왔다고 쓴 한 유명 작가의 책 탓에 남성과 여성이 대치하게 됐다. 우리는 말로는 표현할 수 없을 만큼 달라서 이 차이가 분쟁의 원인이 된다.

또 다른 예를 들면 서구의 개인주의는 아시아의 집단문화, 정체성과 충돌한다. 이런 예를 줄줄 늘어놓을 수는 있지만 불필요한 일이니 그러지는 않겠다. 요컨대 불일치를 일으키는 원인은 차이점이며, 이것은 인간 본성이 지닌 기본 원칙이다.

사람들은 서로 싸우고 갈등을 일으킨다. 우리는 너무나 다르고 서로의 차이점을 평화롭게 해결할 수 없기 때문이다. 이런 관점으로 생각하는 사람들은 차이에 관련된 문제를 중요하게 여긴다. 정체성에 차이가 있다는 것, 남들과 다르다는 것은 이목을 끌고 해법을 요구한다. 물론 정확히 주동자들이 원하는 것이다. 여기서 상대방의 정체성을 분명히 하고, 자신들과 얼마나 다른지를 보여주는 것이 가장 중요하다.

갈등이 차이점이 아닌 유사점에 의해 발생한다고 주장하는 접근법도 있다. 이들의 관점에서 보면 우리는 모두 같은 것을 원하므로, 서로 닮았으므로 갈등을 겪는다. 같은 것을 추구하는데 모두가 가질 수 없으므로 서로 충돌하게 된다는 것이다. 우리는 구체적인 물질적 관점과 추상적인 비물질적 관점에서 같은 것을 추구한다. 소득 같은 경제적 자원뿐 아니라 인지도, 사회적 지위

같은 상징적 자원도 똑같이 원한다.

프랑스 철학가 르네 지라르는 모방적 욕망 이론에서 이 생각을 우아하게 개진했다. 지라르는 "우리 삶에서 선택은 외부 영향을 받는다"라고 했다. 욕망은 우리 자신에게서 나오는 것이 아니라 우리가 되고 싶은 사람으로부터 나온다는 의미다. 우리는 주위에 있는 본보기를 모방하려고 한다. 간단한 예시는 어린이들의 세계에서 찾을 수 있다.

4살쯤 된 남자아이 두셋을 장난감방에 들어가게 해보자. 빨간색 트랙터, 파란색 트랙터, 벽돌 등 아이들이 갖고 놀 수 있는 장난감들이 있다고 가정하자. 첫 아이가 빨간 트랙터로 돌진해 가지고 가려 한다면 과연 다음 아이는 무엇을 원하게 될까? 당연히 빨간 트랙터다. 두 번째 아이의 욕망은 첫 번째 아이의 영향을 받은 것이다.

우리에게는 태초의 욕망이란 것이 없다. 그저 욕망해도 될 만한 것을 원할 뿐이다. 예를 들어 같은 반에서 가장 매력적인 여학생이나 남학생을 마음에 두는 이유는 인기 있기 때문이다. 호감도는 개인적으로 결정되는 것이 아니다. 지라르는 호감도는 '모델'에 의해 결정된다고 했다. 우리의 욕망은 다른 사람을 통해 생겨난다. 독창적인 것이 아니다. 광고 산업은 이를 잘 이해하는 것이 분명하다. 그야말로 이상적인 '모델'을 전시하며 사람의 욕망을 자극하니 말이다.

다른 사람이 욕망의 모델인 동시에 장애물이기도 하다는 사실이 고통스러운 점이다. 그러니까 학급에는 가장 착한 여학생이나 남학생이 1명밖에 없으며, 그들을 얻을 행운의 학생 역시 한정된다는 의미다. 결국에 지라르의 이론은 단순히 우리가 같은 것을 원하므로 충돌하는 것이라는 결론을 내릴 수 있게 해준다.

분열의 시초는 정체성 차이로 보이지만 사실이 아니다. 타인은 우리의 모델이자 동시에 장애물이다. 이 관점은 사람들이 차이점 때문에 대치한다는 관점과는 다르다. 그런데 이런 생각은 우리 자아상에 손상을 가한다. 우리는 모두 자신이 독창적이며, 그동안 없었던 인생 계획을 만든다는 생각에 매달려 있기 때문이다. 우리의 정체성은 이것을 표현하는 것이다. 다른 말로 하면 우리의 인생 계획은 독창성과 정체성을 제대로 다룬다는 뜻이다.

르네 지라르는 이것을 그림으로 나타냈다. 지라르는 인간이 따라 하는 것, 즉 모방의 메커니즘이 인간이란 존재의 이미지를 망쳐놓는다고 주장한다. 우리는 타인의 시선, 다른 사람들이 나에 대해 어떻게 생각하는지에 의존한다. 우리가 삶에서 원하고 욕망하는 것은 사회나 타인이 바람직하다고 제시하는 것으로부터 영향을 받는다. 지라르는 이것을 '낭만적 거짓'이라 불렀다. 많은 사람이 개인적인 성격을 인생의 본질이라고 생각하는 경향이 있다는 뜻이다. 우리는 모방의 힘에 영향을 받는 주체이며 의존하는 사람들이다.

그러나 이것은 여전히 핵심이 아니다. 갈등과 양극화에 대한 우리 태도에 깊은 영향을 미치는 2가지 결과가 있다. 만약 인간에 대한 르네 지라르의 관점이 옳다면 갈등이라는 현상은 인간과 사회의 한 부분이나 마찬가지다. 갈등은 예외가 아닌 평범한 상황이라는 말이다.

이런 인간 본성에 대한 관점으로 평화를 정의할 때, 우리가 얻을 수 있는 것은 다음과 같다. 평화는 갈등을 성공적으로 해결하며 나아가는 일련의 과정이라는 것이다. 평화라는 개념에는 갈

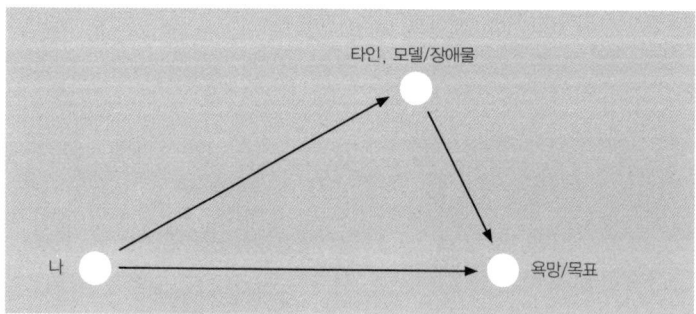

[그림 13] 모델:장애물 삼각형 모방

등 현상이 뿌리내려져 있다. 즉, 갈등이 없는 상태를 평화라고 정의하는 것과는 확실히 다르다.

두 번째 정의인 조화의 정의, 그러니까 평화와 갈등이 서로를 배제하는 정의가 가장 흔히 사용되곤 한다. 사람들에게 내가 내린 정의가 받아들여지려면 그들의 사고방식에 큰 변화가 있어야만 한다는 사실을 경험으로 알게 됐다. 그러니 이 시점에서 우리가 평소에 하던 생각을 반대로 뒤집는 것은 매우 중요하다.

책임 문제

갈등이 없는 상태를 평화라고 하면 갈등은 매우 부정적인 가치를 갖게 된다. 이것을 음표 하나가 잘못돼 곡 전체를 망치게 되는 음악과 비교해보라. 이런 관점에서 보면 사람들이 갈등뿐 아니라 그 갈등을 만든 사람도 비난하게 되는 것은 당연하다. 그 음을 잘못 연주한 사람은 누구인가. 이런 추론, 즉 책임에 관한 문제는 즉각적이고 불가분하게 갈등 없는 평화라는 정의와 연결된다. 평소에 쓰는 정의가 꼭 바뀌어야 하는 이유가 여기에 있다. 책임 문제는 갈등뿐 아니라 양극화에 연료를 쏟아붓는다. 그래서 진전을 이루려는 모든 노력에 재빨리 훼방을 놓는다.

이것은 갈등을 질질 끌다 보면 볼 수 있는 현상이다. 노인 돌봄 교육 현장에서 일하다 보면 때때로 서로 싫어하는 부서와 팀을 상대해야 할 때가 있다.

'지하'에서 일하는 사람들은 '1층'에서 일하는 사람들을 참아줄 수가 없다. 이런 비난은 서로를 향해 끝없이 오간다. '저들(저쪽 사람들)은 인력이 부족할 때도 와서 도울 생각을 하지 않는다. 와서 하는 일이라곤 잘 굴러가는 약품 카트를 먼저 차지하는 것이다. 게다가 가끔이라도 쓰레기봉투 갖다버릴 때는 무척 귀찮아한다.'

책임 전가는 끝나지 않는 주제다. 협동이 되지 않는 이 절망적인 상황에 대한 책임은 누구에게 있는가. 돌봄 노동자들이 이 문제만 갖고 대화해도 하세월을 보낼 수 있을 것이다. 이 교착 상태에서 돌파구를 마련하려면 일단 책임의 문제를 없애야만 가능하다.

나는 신중한 단계를 거쳐 '1층' 팀을 모두 해고한다면 어떨지 '지하' 팀에게 질문함으로써 해답을 얻어냈다. 그렇게 되면 지하 팀은 새로운 동료이자 새 팀원을 얻을 것이다. 똑같은 일이 다시 일어날 가능성은 얼마나 클까? 또다시 '우리-그들' 상황으로 빠지게 될 가능성은? 갈등은 또다시 생길 것인가? 지하 팀도 그럴 확률이 높다고 인정했다.

우리는 협력이 어떤 형태든 그 안에 충돌이 잠재돼 있다는 사실을 어렴풋이 인지하고 있다. 단지 한 사람, 한 부서, 한 무리 또는 한 팀, 한 그룹이나 한 국가에 갈등의 책임을 지울 수 없다는 의미다.

그렇다면 책임 문제(과연 누구 잘못인가)는 비생산적이다. 책임 문제는 우리를 꼼짝 못 하게 한다. 그러면 무엇이 더 중요한가. 갈등을 어떻게 해결해야 하는가가 문제다. 훈련을 통해 갈등을 다루는 방법을 배울 수 있는가. 갈등이 인생의 한 부분을 차지한다는 것은 자명하다. 원활한 협동을 위한 필수 조건에는 의식의 자각, 즉 갈등을 잘 다룰 수 있는 능력이 포함된다.

갈등은 협동을 방해하지 않는다. 오히려 협동을 잘 구축할 기회를 만들어준다. 평화는 갈등의 부재를 의미하지 않는다. 더 정확한 정의에 따르면, 평화는 우리가 성숙한 방법을 통해 갈등을 다루는 과정 전체를 의미한다. 이것은 현실을 반영하고 있지만 많은 사람에게 통하는 정의는 아니다. 궁극적으로 이 정의는 역사가 오래됐다.

세계 종교와 인생 철학자들은 갈등(고통·십자가·지하드 등)을 피해야만 하는 요소로 생각하지 않았다. 삶에서 갈등을 피할 방법은 없다. 그러나 갈등을 조사하고 검토할 기회는 있다. 갈등을 숨기는 것(심리학자가 말하는 억제하는 것)은 조화를 회복하려는 반응으로 이해할 수는 있지만, 오히려 조화를 장기간 지속하지 못하게 하는 지름길이기도 하다.

정리

갈등을 어떻게 정의하는지는 대단히 중요한 문제다. 인간 본성이 가진 시각으로 봤을 때 갈등은 정상의 반대, 즉 평화가 없는 상황인가? 갈등이 평화의 일부라는 인간 본성을 받아들인다면 우리의 반응은 아마도 달라질 것이다.

혹시나 인간 본성에서 갈등이 예외 상황이 아니라 오히려 정상이라면 어떤가. 갈등이 생겨도 놀라지 않고 이용하게 될 것이다. 이 경우에는 갈등을 다루는 기술을 훈련할 수 있다는 선택지가 생긴다. 곧 평화를 위해 노력할 수 있다는 의미다. 원래대로라면 우리는 즉시 책임 문제(누구를 탓해야 하는가)를 던지기 쉽다. 평화가 망쳐졌다는 생각에 희생양을 찾는 것이다. 누구 책임인가, 누구 탓인가. 그러나 이 경우 책임 문제에 대한 답을 찾는다 해도 우리가 얻는 것은 하나도 없다.

갈등에 대한 시각은 인간 본성에 대한 견해와 밀접하게 관련 있다. 서로(그것이 미국-러시아든, 남부-북부 사람이든, 이슬람교도-비이슬람교도든) 갈등을 일으키는 이유는 모두 다르기 때문인가 아니면 모두 같은 것을 추구하기 때문인가. 혹은 서로 다른 문화와 종교 때문에, 서로 다른 진리를 믿기 때문에 갈등이 발생하는가. 세계적으로 서로 다른 문명이 갈등을 일으키는 것을 보면 이 전제가 맞는 것 같기도 하다. 그렇다면 갈등의 원인은 우리가 가진 정체성의 차이에서 기인하는가.

내 접근 방식은 다르다. 우리가 갈등을 마주하게 되는 이유는 우리 모두 같은 것을 원하기 때문이다. 우리는 같은 영토(이스라엘/팔레스타인)를 원한다. 노동 시장이나 학습 시설에 동등하게 접근할 권리, 똑같이 사회적 지위를 인정받을 권리, 우리의 존재 혹은 우리가 기여한 것에 대해 사회적으로 제대로 존경받을 권리를 원한다.

이것을 통해 분명해진 사실이 있다. 유사성이 갈등의 근원이라는 정의가 갈등 상대와 진전을 이룰 수 있도록 실질적이고 실현 가능한 원칙을 제공한다는 사실이다. 인간 본성에 관한 실증적 증거는 아니지만 중요한 사실이다. 만약 우리가 책임 소재만 캐묻고 서로 다른 정체성에 몰두하면 양극화에 연료를 들이붓는 셈이 된다. 주동자가 원하는 바다. 이런 선택을 하면 주동자에게만 좋은 일을 해주는 것이다. 정확히 중재자의 함정과도 같다.

3부에서는 여러분에게 새로운 충격을 주고 싶다. 오래된 양극화 현상에 대해 새롭게 접근할 것이다. 우리에게는 어떤 전문적인 선택지가 있는가. 양극화 관리란 무엇이며, 어떻게 하면 양극화 전략을 개발할 수 있을까?

3부

새로운 접근 방식

5장
사회적 결속과 대화

양극화 전략을 개발하려는 사람이라면 그 누구든 도구 상자가 필요하다. 2부에서 제시한 도구에 또 다른 도구를 덧붙이려 한다. 2부에서는 도구 상자로 갈등과 양극화의 차이점, 상호 작용을 다뤘다. 양극화의 3가지 기본 법칙과 5가지 역할, 갈등이 7단계를 거친다는 것, 각 단계는 전형적인 측면과 개입 지점과 타이밍이 있음을 확인했다. 그 배경에는 양극화를 바라보는 우리의 태도와 양극화 평가에 영향을 미치는 인간 본성에 대해 견해가 서로 다르다는 것을 설명했다. 이 도구 상자는 기본 분석 세트로 기초나 다름없다. 이 기초가 있어야만 관리가 어려운 양극화 현상에서 우리의 위치를 정의할 수 있다.

내겐 짧게 보든 길게 보든 바뀌지 않는 소망이 있다. 사회적 결속을 회복하고 유지하는 것이다. 이 소망은 팀 구성원 모두에게 적용할 수 있다. 모두가 협력을 원하기 때문이다. 이웃과 마을에도 적용할 수 있다. 모두가 함께 살고 싶어 하기 때문이다. 가족에게도 적용할 수 있다. 가족과 같이 인생을 보내고 싶기 때문이다. 물론 사회 전체에도 적용할 수 있다. 모두가 희망과 번영을 원하기 때문이다.

이 목적은 반박의 여지가 없다. 문제는 그것이 아니다. 양극화(우리-그들의 사고방식)에서 목표 달성을 위한 수단으로 '대화'를 사용하는 것 역시 다들 당연하다고 생각한다. 그러나 이 부분에서 굉장한 어려움을 느낀다. 목표 달성을 위해 대화를 사용하는 것은 굉장히 복잡한 일이다. 좋은 대화란 무엇이고 시기를 막론하고 적절한 대화란 무엇인가.

중재자들은 대화라는 단어를 무슨 주문이나 되는 양 쓴다. 이해는 간다. 이성적으로 생각했을 때 양극화가 사람들을 소외시킨다면 적절한 해결책은 화해밖에 없어 보이니 말이다. 그렇게 간단할 수가 없다. 그래서 사람들은 대화라는 가장 좋은 방법을 통해 서로 다시 연결되고 화해할 수 있다고 믿는다. 오해다. 이 문제에서 통찰력이 충분하지 않았다. 대화라는 개념에 대비되는 것이 없어서다. 중재자에게 이 부분은 맹점이다. 우리는 이 개념을 집중적으로 실질적인 탐구를 해야 한다.

대화를 진행하는 방법은 여러 가지다. 10년간 일을 하면서 다양한 방법을 써볼 수 있었다. 몇 가지를 꼽아보겠다. '좋은 토론'이 있고, 소크라테스식 대화, 막대 대화*, 비폭력 대화, 심층 민주주의 대화, 하이브리드 대화, 문화 간 대화, 종교 간 대화 등이 있다. 대화 세션은 며칠 동안 할 수도 있고 스피드 데이트처럼 재빨리 지나갈 수도 있다. 연례행사처럼 회담으로 할 수도 있다. 혹은 공개 장소에서 한 번만 진행할 수도 있다. 방식은 끝도 없다. 각각의 방법들은 모두가 가치 있으며, 그 전문성은 논란의 여지가 없다.

우리가 생각지 못했던 점이 있다. 좋은 타이밍이야말로 가장 중요하다는 사실이다. 갈등 과정에서는 언제 대화를 시작하면 좋을지 적절한 순간을 알아야 한다. 예방 단계에서는 중재나 화해 단계와는 다른 형태의 대화가 필요하다. 개입 단계의 대화는 비생산적이고 절망적이라 할 수 있다.

---

* 막대 같은 것을 가진 사람이 막대를 소지하는 동안에만 발언할 수 있고, 다른 사람들은 이 사람을 존중해 경청한다. 막대를 가진 사람이 발언을 마치면 다음 발언자에게 막대를 전달한다. 이 대화법은 모든 참여자에게 발언 기회가 돌아간다. 공정하게 의견을 표현할 수 있도록 도우며, 누구나 자신의 의견을 표현할 수 있다.

경험이 풍부하고 열정이 있는 대화 감독자들은 가지고 있는 무기를 총동원하는데, 이 무기들은 예방 단계에만 적용할 만한 것들이다. 다른 단계에서는 대개 적용하기 힘들기 때문이다. 이것은 우리 모두가 공유하는 맹점이다. 이 맹점은 각종 국가 부처에서 지역 차원의 토론하는 사람들에게까지 큰 해를 끼친다. 그런데 양극화의 경우 특정 단계에서 예방을 고려한 대화를 시작했을 때 득보다 실이 많을 수 있다.

우리는 대화 유형과 그 적용 시기를 충분히 알지 못하며, 그 결과로 적절한 타이밍을 찾는 능력이 부족한 것으로 보인다. 그래서 다음과 같은 통찰을 통해 양극화 도구 상자를 보완하고자 한다.

타이밍이 전부다

유럽에서 가장 잘 알려진 대화 유형을 고르라면 브뤼셀시의 대화 계획, 스페인의 종교 간 토론, 로테르담의 '대화와 연민의 날' 등을 꼽을 수 있다. 이 대화의 의도는 늘 똑같다. '서로를 알아가자는 것'이다.

우리는 서로를 이해하기 위한 대화에 초대받는다. 서로의 정체성을 탐구할 충분한 여유가 있고, 모두가 좋은 의도를 가지고 대화에 임한다. 대화의 목적은 의견을 교환해 서로의 비전, 습관, 생활철학의 차이점은 물론이고 유사점도 논의하는 것이다.

대화의 주최 측은 종종 다양한 사람을 초대한다. 만약 종교 간 대화라면 이슬람교인, 기독교인, 유대인, 인본주의 사상가들은 물론이고 바하이교 혹은 프리메이슨까지도.

분석한 결과, 대화의 4가지 측면이 드러났다. (1) 목표는 평화와 조화라는 점, (2) 참가자의 자발적인 참여(자유로운 참여)가 중요하다는 점, (3) 상대방의 정체성이 중심이 된다는 점, (4) 요점은 지식의 교환이라는 점.

기초적인 특성이기 때문에, 그런 다음에는 어떤 실행 방식을 사용하든 좀 더 자유로워진다. 사람들은 말하는 사람이 막대를 잡고 말이 끝나면 다음 사람에게 넘겨주는 아메리카 원주민 관습인 '막대 대화'를 사용할 수 있다. 이 방식에서 참여자는 서로에게 시간을 내주고 제대로 경청할 수 있다. 토론은 하지 않는다. 다른 사람의 지식을 얻고 서로 공감대를 형성하는 것이 핵심이기 때문이다.

자신의 의도가 좋다고 말하는 참가자들 사이에는 갈등이 생길 수 없다. 또 참여 자체가 자발적이어서 참여자들 대부분이 선의가 있다. 참여자들은 휴일이나 저녁을 포기하고 그 시간을 서로 알아가기 위해 쓴다. 기꺼이 이렇게 하는 이유는 서로를 이해함으로써 사이좋게 공존하고 싶어서다.

때로 대화 뒤에 숨은 의도가 문제를 일으킬 수 있다. 퀼렘보르흐의 테르바이데에서 벌어진 몰루카인과 모로코인 사이의 분쟁이나 '서구 사회'에서 일어나는 이슬람교도와 비이슬람교도 간의 갈등이 그렇다. 대화에 참여하는 사람이라고 해서 반드시 그 문제를 직접 경험했다는 의미는 아니다.

진짜 문제아들은, 그 사람들을 분별할 수 있다는 가정하에 대개 협상 테이블에 나타나지 않는다. 그래서 참여자들은 늘 무력감을 느낀다. 양극화를 줄이기 위한 대화에서 사람들은 '우리-그들'이라는 양극화 사고를 넘어서는 것을 목표로 한다. 그래서 이분법적 사고 대신 처음부터 세부적인 차이를 이해하려고 노력한다.

여기서 '타인의 정체성'이 중심에 있다는 것, 본질적으로 이런

단계	예방	개입	중재	화해
의제	조화	×	갈등	신념
계획	상대방 알기	×	내 경험	우리의 관계
수준	지식	×	도구	태도
참여	자유 방식	×	모집-분리된 우리 & 그들	모집-함께하는 우리 & 그들
특징	대화	×	훈련 · 대화	심사숙고 · 훈련 · 대화

[그림 14] 효과적인 대화의 특징

설정 자체가 양극화에 연료를 공급하는 성향을 지닌다는 점이 중요하다. 부정적이든 긍정적이든 타인의 정체성을 얘기한다고 해서 '우리-그들'이라는 사고방식에 공급되는 연료를 막아 없애지는 못한다. 실제로 모든 것이 조화를 이루는 상황으로 진행되더라도 이런 양상은 사라지지 않는다.

대화는 꼭 위험이 배제된 상황을 뜻하지 않는다. 내 생각에 위험도는 상대방의 정체성을 얼마나 중요하게 여기는가에 따라 결정되는 것 같다. 이 이유만으로도 지역 당국이 어떤 대화를 장려하고 어떤 대화를 막아야 하는지 정확히 구분할 능력을 갖추는 것은 대단히 중요하다. 종종 '대화'라는 단어는 언급한 4요소를 분석하기도 전에 승인 도장부터 받는 경우가 있기 때문이다.

중재 단계에서도 대화의 4요소를 똑같이 적용하라. 개입 단계는 제외하는 것이 논리에 맞다. 갈등 당사자들이 아직 지치지 않고 투지가 있다면 개입 단계의 대화는 늘 역효과를 낳을 것이다.

중재 단계에서 참여자들은 조화를 이루기 위해 대화를 나누지만 친근해지는 데는 관심이 없다. 그래 봤자 분쟁이 이제 막 끝난 상태니 말이다! 실제로 퀼렘보르흐에서 모로코인과 몰루카인의 충돌이 일어난 지 한 달쯤 지난 후에는 다들 감정이 가라앉아 그런대로 진정됐다. 한 해의 마지막을 장식한 폭력 사태는 끝이

났고, 경찰 기동대도 사라졌다. 그러니 이런 시점에서 예방 목적의 대화는 맞지 않는다. 이 시점에서 '조화'라는 말은 쉽게 나올 수 있지만 '갈등'에는 분노뿐 아니라 거부감도 포함돼 있다는 사실을 기억하자.

게다가 사건과 관련된 모든 사실은 중요하게 작용한다. 이 상황에서 대화를 진행하려면 대화에 4가지 특성을 포함해야 했다. (1) 지금 대화를 나눌 주제는 오직 하나 '갈등'이다. (2) 대화 주제가 '상대방'이 돼서는 안 된다. 모든 사람이 상처를 받은 상태이기 때문이다. 자신을 돌아보아야 하며(자기성찰하고 표현하기) 객관적 지식에 초점을 맞추지 말아야 한다. (3) 그러면서도 갈등을 다루는 각자의 방식에 초점을 맞춰야 한다. 이 단계까지 오면 개방적 참여가 도움이 되지 않는다. 오히려 (4) 참여자를 매우 지혜롭게 선발해야 제대로 된 대화를 조직할 수 있다.

갈등이나 양극화의 세 번째 단계에 있는 사람들은 이제 자신들의 경험을 얘기하고 싶어 한다. 이슬람교도여서 수습사원 자리를 잡지 못해 일자리를 구하는 데 전력을 다해야 하는 젊은이들은 기독교와 이슬람교 사이의 차이나 유사점을 얘기(예방 대화)하는 데 관심이 없다. 이 젊은이들은 자신들이 설 자리가 없다고 느끼고, 사람들이 자신들의 특성이나 성격을 눈여겨보지도 귀를 기울이지도 않는다고 생각한다.

그 고통, 개인의 경험, 갈등은 대화에서 중요한 자리를 차지해야 한다. 대화에서는 이런 요소들을 논의해야 하고, 이어서 추가 질문이 이어져야만 한다. 이를테면 이런 질문이다. 이 갈등과 양극화를 잘 다루기 위해 우리가 향상해야 하는 능력은 무엇인가. 테르바이데 주민들 역시 충격적인 시간을 경험했다. 주민들은 고통·충격·분노를 표현할 기회를 가져야 했다. 이 기회를 통해 어떻게 다루면 좋았을지 질문하는 시간이 있었어야 했다.

그러나 퀼렘보르흐 지역 당국은 충분히 고려하지 않은 채 [그림 14] 1열에 나열된 대화 유형을 옹호했다. 고통스러운 사건이 발생한 직후, 양측 지역의 여성을 회의에 초대했다. 의제는 이랬다. 몰루카인이 정체성을 드러내면 모로코인도 동일하게 할 것인가. 정체성을 중요시하면서도 갈등을 불러일으키지 않을 것 같은 의제였다.

당국은 몰루카 여성들이 회의에 참석해 몰루카의 기원, 암본 위치, 전후 시절과 푸흐트 수용소에서의 생활이 어땠는지를 털어놓을 것이라고 생각했다. 지역 당국은 지식을 교환하고 서로의 위치를 이해하는 자리가 될 것이라 여겼다. 그러면 모로코 여성들은 결혼 방식이나 관습, 신부 의상과 의식 등과 같은 문화적인 측면을 얘기할 것이라고 믿었다.

당국은 이 세 번째 단계에서 예방 대화의 요소를 적용하려 했다! 즉 타인과 그들의 정체성에 관해 대화를 나누며 궁극적으로 '조화롭게 사는 것'을 목표로 한 것이다. 서로의 정체성을 함께 알아가는 것이 모든 것을 다 괜찮게 만들어주는 신비의 묘약이 될 것이라 여긴 것이다.

마침내 회의가 열렸다. 선의를 가지고 자발적으로 왔다고 해서 참석자들이 지역 사회의 핵심 인물이라는 뜻은 아니었다. 게다가 초창기부터 직접 불안을 조장하며 실제 활동에 가담한 상당수는 그 자리에 오지도 않았다. 그래서 이 회의는 고통스러운 문제를 해결할 묘수가 되지 못했다. 좋은 의도에도 불구하고 정체성이 갈등에서 결정적인 요소가 된다는 생각을 강화할 뿐이었다.

이 자리를 통해 차이점이 강조됐고, 참석자들의 선의는 낭비되는 시간이 됐다. 참석자들은 처음에만 해도 이 회의에 대해 좋은 느낌으로 시간을 썼다. 이런 만남은 적수에 대한 고정관념을 깨뜨릴 수는 있겠지만 딱히 진전이 있지는 않다. 시기에 맞지 않는 이런 대화로 사회 자본이 소모되는 것이다. 극단적으로 말하면 사회 자본의 마지막 조각까지 그러모아 낭비하게 한다. 참여자들을 재차 동원하는 일은 어렵다. 그러니 제대로 된 타이밍에 모아서 질문해야 한다. 우리는 지금 어떤 단계에 있으며, 지금 여기서 해야 하는 대화는 무엇인가.

갈등이 시작되기 전과 갈등 상황, 갈등이 끝났을 때 모두 타이밍이 중요하다. 타이밍을 제대로 잡아야 효과적으로 행동할 수 있다. 파리와 브뤼셀에서 연이어 발생한 테러 이후 이슬람교도와 비이슬람교도 간의 양극화는 극심해졌다. 이 시기에 정체성에 관한 대화는 무의미하다. 그보다는 사회에서 벌어지는 갈등을 논의해야 한다.

이슬람교도는 무엇을 경험하는가. 이슬람교도들을 속상하게 하는 일은 무엇인가. 어떤 충격을 받는가. 고통의 원인은? 확실성은 어디에 있으며, 자기성찰은 어떻게 우리를 도울 수 있는가. 이슬람교도로 사는 사람은 어떤 긴장을 품은 채 살아가는가. 이 질문들은 이슬람교도가 아닌 사람에게도 할 수 있다. 문제가 무엇이고, 무엇이 불편하며, 무엇으로 충격을 받는가. 확실성과 불확실성은 무엇이며, 어떤 것이 긴장 지대를 만드는가.

그러나 정체성에 관한 지식을 교환하는 토론이 되면 안 된다. 연료가 되기 때문이다. 개인의 얘기, 즉 그 사람이 연루된 얘기를 해야 한다. 양극화에서는 이것이 대화의 조건이 된다. 이런 이유로 적합한 사람들을 모집하는 것이 중요하다. 참여자가 그룹이든 개인이든 효과적인 대화는 자신이 문제의 소유자임을 인지하고 그것을 소리 내어 말할 준비가 된 사람들이 있어야 진행이 가능하다. 갈등이 있을 때는 직접 관련된 사람들이 모두 테이블에 둘러앉아 대화하는 것이 좋다. 그러나 양극화의 경우 문제 소유자를 식별한 후 그들이 스스로에 관해 얘기하도록 유도해야 문제 해결의 비책이 된다.

이 과정에서 반대 극에 있는 사람들을 반드시 한자리에 모을 필요는 없다. 여기서 해야 할 것은 자기성찰이다. 퀼렘보르흐의 경우, 나는 '우리와 그들'을 한자리에 모으지 말아야 한다고 주장했다. 세 번째 단계에서는 일단 상대방 없이 자기네끼리 대화의 물꼬를 트는 것이 더 나아서다. 그러니 적절한 사람을 모집하는 것이 정말 중요해진다.

핵심 인물을 통해 사람을 모으면 이들이 다른 이들에게 영향을 주고 자신이 속한 그룹에서 발화할 수 있다. 그러면 사람들은 서로 자신의 얘기를 하게 된다. 결국에 이로 인해 사람들은 갈등을 어떻게 다루는지 배울 수 있다. 이 방법을 사용하면 전체 과정이 교육 과정 같은 성격을 띠게 된다.

'평화 과정'을 예로 들면 조화를 이루며 살겠다는 의지 표명은 중요하지 않다. 진짜 훈련은 다음에 일어날 갈등에 대해 대처 기술을 연마하는 것이다. 갈등은 항상 불가피하게 일어난다. 그래서 대화 작업이 중요하다. 퀼렘보르흐의 테르바이데에서, 브뤼셀의 몰렌베크에서, 전국 방송에서도 이슬람교도와 비이슬람교도 간의 논란이 있었다.

그러나 실제 대화가 유용했는지 확인할 수 있는 길은 새로 생겨난 갈등에서만 가능하다. 새로운 갈등의 부재는 좋은 결과의 증거가 될 수 없다. 올바른 목표란 교양 있게 갈등을 다루는 것이다. 조화나 평화는 우리가 관찰하고 고심하며 대응한 일련의 갈등을 통해 형성된다. 우리는 그 안에서 흑백 논리에 빠지지 않은 채 문제를 해결하는 기술을 발휘했다. 숙련된 대화는 우리가 문제와 장애물을 피하려고 쓰는 편리한 해결책이 아니다.

누구든 마지막 단계에서 자신의 인생 철학을 고려해야 한다는 점을 짚고 넘어가야겠다. 종교는 종종 차이점으로 간주돼 사람들을 분열시킨다. 그 결과 문명 간 충돌의 주된 이유가 된다. 그렇게 되면 인생 철학은 갈등과 양극화의 원인으로 인식되기 시작한다. 그러나 여기서는 그렇게 적용하면 안 된다.

갈등에서 충돌을 일으키는 것은 차이점이 아니다. 그보다는 오히려 부족한 자원을 놓고 서로 싸우는 상황 탓이 맞다. 이슬람교도와 비이슬람교도가 충돌하는 이유는 같은 것을 원하는 데 있다. 교육·설비·직장·지휘권 같은 자원이나 인정받는 것, 사회적 지위를 얻는 것, 자신의 진가를 알아주는 것을 원하기 때문이다. 그래서 많은 사람이 정체성 차이를 토론하는 과정에서 이것을 놓고 싸우게 된다. 이런 사항들을 관련이 없다고 여기지 말아야 하며, 우리를 움직이게 하는 원동력은 한정된 유형 자원과 무형 자원에 대한 경쟁이라는 점을 알아야 한다.

사소한 예를 들어보겠다. 네덜란드의 한 작은 마을에서 산책하는 반려견의 배설물 때문에 갈등이 있었다. 이 갈등은 정체성의 차이를 가져다 댈 수가 없다. 개의 배설물을 싫어하는 사람들과 그렇지 않은 사람들이라는 정체성은 없어서다. 여기서 문제는 모든 사람이 공원을 이용한다는 점이다. 아이들은 공원에서 뛰놀고 싶고, 견주들 역시 반려견이 같은 권리를 갖기 원했다. 우리를 움직이게 하는 것은 결핍이다. 이 경우는 정체성의 차이가 갈등을 일으켰다고 할 수 없다.

내 견해로는 종교와 인생 철학이 우리 시대에 갈등을 일으키는 원인은 아니지만, 해결책이 될 수는 있다고 본다. 화해 단계의 경우 직접 관련된 당사자들은 이런 질문을 받을 수 있다.

내가 믿는 종교나 인생 철학이 어떤 삶의 태도를 나타내며 어떤 통찰력을 제공하는가. 갈등이 생기면 나는 어떤 식으로 기여할 수 있는가. 갈등과 관련해 더 고차원적인 질문은 무엇인가. 《쿠란》, 《바가바드기타》 혹은 《성경》은 뭐라고 말할까? 달라이 라마, 스토아주의자, 내 입장에서 철학자 임마누엘 칸트는 이 주제에 대해 어떻게 말할까? 여기서 작용하는 기본 원칙은 무엇인가.

여기서 질문은 서로를 설득하기 위해 이런 자료를 사용할지 말지가 아니다. 그것에 대해 서로 얘기를 나누는 상황에서도 말이다. 그것보다는 '우리가 이런 자료로 갈등을 잘 다룰 태도를 만들 수 있는가'를 질문해야 한다. 신앙·영성·생활 철학은 갈등의 원인이 아니라 갈등을 해결하기 위해 동원하는 요소일 뿐이다. 그러면 이슬람교도에게 이런 질문을 던질 수 있을 것이다. "이슬람교에서는 갈등을 어떻게 다루는가." 기독교인에게도 마찬가지다. "기독교에서는 갈등을 어떻게 다루는가." 인본주의자도 마찬가지다. "갈등을 다루는 합리적이고 정당한 방법은 무엇인가."

이제 상대방의 정체성은 중요하지 않다. 대신 태도를 근본적으로 재조정할 수 있다. 이를 위해 사용할 수 있는 재료는 영감이다. 그 결과 새로운 '우리'가 드러난다. 그러면 목표나 조건 때문이 아니라 갈등 처리법과 서로에 대한 솔직하고도 열정적인 대화를 통해 합의가 생긴다. 문명화된 민주주의를 통해 새로운 '우리'가 생겨나고 그에 따른 행동이 뒤따른다는 뜻이다.

이런 생각의 틀을 장착하고 각 단계에서 필요한 대화가 서로 다르다는 점을 인지하면 다음 단계로 넘어갈 수 있다. 대화 전문가와 지방 당국, 부처, 유럽위원회, 보조금위원회 등의 의뢰인이 대화에 적절한 참가자를 모집하고, 의제에 맞는 타당한 토론 주제를 결정하며, 올바른 주장을 할 수 있기 때문이다. 지식 교환과 타인에 대한 이해 증진(예방), 갈등 처리 기술 훈련(중재) 또는 갈등 속에서 자신의 태도와 인생 철학을 성찰하는 것(화해)을 포함한다.

사회의 안정과 결속은 이 3가지 유형의 대화에 달렸다. 이 대화 방식은 때로는 조합해 제시되거나 때로는 따로 분리해 순차적으로 진행된다. 이 3가지 대화 유형을 정확히 구분하고, 상황 파악을 제대로 해 과연 어떤 유형의 대화가 적합하고 필요한지를 밝혀내는 일이 중요하다.

그러므로 현 상황과 갈등/양극화에서 어떤 단계에 서 있는가 하는 제대로 된 평가가 해답을 찾는 데 결정적인 요소가 된다. 그러니 잘못 평가하면 결과가 좋지 않거나 심지어 손상을 입을 수 있다. 다시 한번 말하지만, 타이밍이 모든 것을 결정한다.

이슬람교도와 비이슬람교도 간에 일어나는 다양한 논란을 보

자. 우리는 계속 유지 단계에 머물 수 있는가. 아니면 중재 단계를 통해 지역 사람들에게 다가갈 수 있는가. 평가는 반드시 정확해야 한다. 타이밍을 놓쳤는데 거기서 예방 대화를 진행한다면 요식 행위에 불과하다. 화해 단계에서 대화에 임할 준비가 된 사람들은 어디서 찾을 수 있는가.

네덜란드 북부 흐로닝언주에서 일어난 일을 보자. NAM의 천연가스 추출로 지진이 발생해 주택을 포함한 건물 피해로 양극화가 일어났다. 집주인들과 피해 보상에 관한 합의를 한다는 것은 현재 4번째 (화해) 단계에 있다는 의미다. 그러나 막상 대화에 참여한 사람들은 씁쓸한 뒷맛을 느꼈다.

정부는 시민을 진지하게 대하고 있는가. 중재자 역할을 맡은 사람은 누구인가. 어디에 성패가 달렸으며 의도는? 여기서도 타이밍이 모든 것을 결정한다. 사람들을 모아서 참가자들의 밤을 열거나 공식적 혹은 비공식적인 상담을 진행할 때 올바른 대화 형식을 선택하는 것이 중요하다. 반드시 그 대화 형식의 특성을 보여줘야만 한다.

네덜란드는 난민 위기가 정점을 달하면서 이에 대한 경험을 많이 쌓을 수 있었다. 시장들과 시의회는 아직도 이 문제를 놓고 골머리를 앓고 있다. 다행히 관계자들은 종종 갈등 선상에서 관계자와 대중 위치를 정확히 파악하곤 한다. 그러나 항상 그런 것은 아니다.

유지 단계에서 사람들과 상호 작용하는 경우, 대화는 전혀 효과가 없다. 있다고 해도 아주 미미하다. 2015년 말, 사람들이 모여서 네덜란드 소도시 헬더말센에 난민센터를 지을 수 있을까를 고심했다. 경찰은 분노한 현지 주민들을 막아서야 했다. 이 저녁 회의는 예방 단계 시점에 열렸다. 주최 측이 주동자들의 능력을 충분히 고려하지 않았음은 확실하다.

당연히 주동자는 단시간 안에 강력한 동조자 모임을 만들었다. 이렇게 되면 다시 한번 양극화 역학의 핵심으로 돌아가게 된다. 그날 밤, 경찰은 비난을 받았다. 이어서 시장 역시 몇 달 동안이나 희생양 역할을 맡아야만 했다. 그러므로 맨 처음 고려해야 할 중요한 과제는 참여자들이 현재 있는 단계에 맞게 적절한 대화 형식을 선택하는 것이다.

운이 좋게도 레바논에서 갈등 중재와 대화법을 배우고자 하는 사람들에게 집중 코스를 열어줄 기회가 있었다. 참가자들은 이라크와 이집트를 비롯해 팔레스타인, 시리아, 사우디아라비아 등 중동 출신이었다. 참가자들이 대화에 가진 관심은 미미했다. 그동안 대화라는 것은 양극화 문제가 있는 모든 집단에 만병통

치약 같은 것이라고 배워왔으나 실제는 다르다고 느껴서이다. 그러니 이 참가자들에게 대화는 고갈된 자원이나 마찬가지였다. 이 지역에서는 종교 간 대화가 주를 이루며, 인구 그룹의 정체성에 큰 중요성이 담겨 있다. 그러므로 사람들은 대화를 통해 차이를 극복할 수 있어야 한다고 생각한다.

양극화 역학을 설명한 후 예방이 얼마나 중요한지 빨리 알려 준 결과, 참가자들은 만장일치로 외쳤다. "그동안 우리가 대화를 왜 그렇게 싫어했는지 드디어 알게 됐네요!" 참가자들은 대화라는 형태에 지쳐 있었다. 대화를 자주 한 것도 한 이유였다. 참가자들에게 대화는 조화를 이루겠다는 만트라를 외는 것이나 종교적 정체성이 중요함을 확인하는 것, 타인의 종교에 대한 정보를 듣고 존중해야 한다는 것처럼 당연한 것의 반복이었다.

아무리 대화를 해도 평화에는 아무런 도움이 되지 않았다. 대화는 주동자들이 예의 바르다는 인상을 줄 기회를 제공했지만, 막상 그 지역 평화에는 기여하지 못했다. 여기에 더해 참가자들의 평가에 따르면, 대화는 주로 '말만 번지르르하게 하는 사람들'이 주도했다. 내 이론에서 그 사람들은 주동자와 중재자를 가리킨다. 대화는 주동자와 중재자 입장을 강화하는 도구로 쓰이며, 중간에 있는 방관자 들에게는 어떤 해결책도 되지 못한다.

판도를 바꾸는 4요소

　대화라는 매체를 쓰려면 타당한 지식과 실용적인 경험이 필요하다. 양극화에 대응하려면 4가지 기준을 제대로 다뤄야 한다. 게임의 조건을 정의하는 4가지 핵심 요소다. 이 4요소로 작업하면 갈등과 양극화에 대한 접근 방식을 뒤집을 수 있다. 이는 양극화 전략을 향한 네 군데의 출발점이 될 것이다. 판도가 바뀔 것이라는 의미다.

(1) 목표를 변경하라.

(2) 주제를 변경하라.

(3) 위치를 변경하라.

(4) 어조를 변경하라.

목표를 변경하라

양극화를 확대하기 위해 주동자는 중간에 있는 방관자 그룹을 목표로 삼는다. 중간 그룹의 크기가 줄어들면 양극화 현상은 증가한다. 주동자의 적수는 반대쪽 극에 있는 사람들이지만 주동자는 이들을 목표로 삼지 않는다. 그들을 목표로 삼을 것이라는 생각은 오해다. 주동자가 노리는 사람들은 양극화 압력에 민감한 중간 그룹이다. 주동자가 영토를 확보할 수 있는 곳이기 때문이다.

다에쉬의 태도에서 이런 현상을 볼 수 있다. 다에쉬의 테러

행위는 모델에 따라 다르게 실행한다. 다에쉬는 양극화를 촉진하기 위해 상대방에게 직접 공격을 가할 수 있다. 프랑스의 풍자 잡지이자 자유 언론의 상징인 〈샤를리 엡도〉를 공격할 수 있고, 브뤼셀의 유대인박물관(적 이스라엘)을 공격할 수도 있다.

더 효과적인 방법은 중간 그룹, 바타클랑 극장 관객처럼 일반 시민을 공격하는 것이다. 이들은 즐거운 저녁을 보내러 콘서트에 간 파리 시민들이었다. 또다시 테러리스트들은 파리의 노천카페에서 커피를 즐기던 손님들을 살해했고, 몇 달 후에는 브뤼셀 지하철과 자벤텀 공항에서 일반 승객들을 공격했다. 베를린의 크리스마스 시장 테러, 런던 타워 브리지 공격, 스톡홀름 시내의 쇼핑 거리에서 있었던 일까지….

양극화는 중간에 있는 사람들을 흑이나 백을 선택하게 몰아가는 것이 가장 효과적이다. 우리 같은 평범한 사람들을 상대로 한 공격은 양극화 압력을 높인다. 이 공격으로 피를 본다면 압력은 가장 크게 증가한다.

중간 지대에서 양극화가 발생한다면 양극화를 벗어나는 것도 똑같이 중간 지대에서 일어난다. 그러니 양극화를 방지하려면 중간층에 세심하게 접근해야 한다. 달리 말하면 양극단에 초점을 맞추지 않는다는 것을 의미한다. 초점을 다른 대상으로 전환하라. 당신의 투자 지역은 중간 지대다. 이는 판도를 바꾸는 4요소 중 첫 요소다. 주동자에게 도움이 되는 행동을 지금 당장 멈춰라.

우리는 양극의 경쟁을 부추기는 경향이 있다. 주동자가 잘하는 말, 즉 간단한 구호나 말쑥한 어구를 들으면 그들과 맞서 싸우려고 한다. 저쪽이 원하는 것은 우리의 관심이다. 그러니 문제 지역에서 경찰이 동요를 일으키는 사람을 순서대로 10명, 심지어 25명까지도 나열하는 것은 일도 아니다. 그 지역 사람들은 물론이고 심지어 당국도 이들이 누군지 알고 있다.

만약 어떤 지역에서 두 갱단이 갈등을 일으킨다면 사람들은 양쪽 우두머리를 이름만 들어도 알 수 있다. 하지만 이 주동자들과 그 곁에 선 동조자들에게 관심을 주는 것은 위험하다. 우리가 동원해야 하는 힘은 중간 지대에 있다. 중간에 있는 사람들을 목표로 했을 때만이 양극화에서 빠져나올 수 있다. 사람들은 극단에 집중함으로써 실제로 양극화를 증가시키고 있다. 양극화는 오직 중간에 관심을 쏟아야 해소할 수 있다.

네덜란드 위트레흐트의 일을 살펴보자. 경찰은 지방자치단체와 협력하는 '동맹 기법'을 사용했다. 동맹 기법은 네덜란드 경찰청에서 근무하는 라시드 합치에 의해 만들어진 것으로 방관자 그룹을 강화하는 데 목적이 있다. 라시드 합치는 네트워크를 위해 위트레흐트의 네 지역에서 목적에 맞는 인재를 모아 두 달마다 모여 저녁 식사를 했다. 그들은 자신들이 사는 지역의 안전과 사안들, 긴장 상황을 논의했다. 한마디로 양극화에 대비하고 있었다. 그곳에 주동자를 위한 자리는 없었다.

합치의 철학에 의하면, 일반적으로 3종류의 사람이 평화 촉진을 위해 자발적으로 뛰어든다고 한다. 자신이 모범이 되기 위해 노력해야 하고 젊은이들에게 영감을 주어 좋은 행동으로 이끌어야 한다고 생각하는 사람들이다. 스스로 노력해 지역 사회와 친밀감이 있는 사람들이다. 영향력이 있는 사람들은 합치가 정작 필요할 때, 특히 사태가 발생했을 때 대개 찾아볼 수 없다. 지역에서 폭동이 일어나도 이런 롤모델은 영향을 끼치지 못한다. 그들이 있는 위치가 바뀌어서 그렇다. 합치에 의하면 그들의 다양한 시각은 여전히 유효하지만 애초에 중간 그룹이 아니거나 있었더라도 중간 그룹을 이탈한 경우가 많다.

또 사회에는 핵심 인물들이 있다. 능력 있는 사람들이 핵심 인물들을 많이 지지한다. 여기서 핵심 인물은 모스크의 리더, 커뮤니티센터 위원, 유명한 운동가 또는 노동조합 임원을 포함한다. 심지어 갱단의 우두머리일 수도 있다. 핵심 인물들은 이익을 최고로 여기고, 양극화가 점점 뜨거워질 때도 이익만 생각한다.

합치가 가진 목적에서 보면 핵심 인물들은 믿을 만한 사람들이 아니다. 핵심 인물들은 진짜 동맹을 원한다. 당신이라면 테러가 일어나고 이슬람교도와 비이슬람교도 간의 양극화가 심해질 때 과연 누구를 의지할 수 있겠는가. 그럴 때면 여러분은 이웃, 중간 지대에 있지만, 영향력 있는 사람들, 즉 방관자에게 힘을 실어줄 사람들이 필요하다. 그들이야말로 당신의 동맹이다. 다년간의 경험을 바탕으로 합치는 '이웃의 안전을 보장하고 아이들의 미래를 밝힌다'는 목표를 위해 같이 힘을 합할 사람을 어떻게 모을 수 있는지 잘 알게 됐다.

동맹 네트워크는 긴장이 거의 없는 평화로운 시기에 형성되고, 양극화가 꿈틀대면 행동에 들어간다. 동맹은 핵심 인물을 포함할 수 있고, 실생활에서 영향력을 발휘하는 어머니나 학교에 영향을 주는 교사, 스포츠클럽 트레이너, 가게 점원까지 누구나 가능하다. 동맹 기법의 특징은 중간 지대를 강화하는 데 있다. 이 사람들은 서로가 주기적으로 만나기 때문이다.

네덜란드 국가경찰청은 다른 자치단체에서도 동맹 기법을 사용하게 한다. 이 방법을 통해 평화로운 시기에 양극화를 해소할 힘을 구축한다. 사건이 발생한 그때나 사태가 악화한 후가 아니다. 그렇게 되면 이미 너무 늦다. 사회의 결속은 중간 지대에서 나온다. 중가 지대가 목표가 돼야 한다.

주제를 변경하라

양극은 정체성에 관한 대화를 가장 중요한 주제로 만들어 양극화를 만들어낸다. 양극화에서 벗어나고 싶다면 여기서 재빨리 발을 빼야 한다. 위트레흐트 지역에서 다뤄야 하는 주제는 "배회하는 젊은이들은 나쁜 사람들이다", "이슬람교도는 자신이 왔던 곳으로 돌아가야 한다", "백인 주민들은 이기적이고 인종차별적이다"가 아니다. 여기서 다뤄야 하는 올바른 주제는 '안전'이다. 그런 다음 사람들을 하나로 결속하는 주제를 설정한다. 이 주제는 주동자들을 불쾌하게 한다. 주동자는 악한에게 손가락질하는 것을 좋아하기 때문이다. 그러나 안전은 논쟁을 유발하지 않는, 해결해야 하는 문제일 뿐이다.

양극화 해소는 자신을 그러한 것으로부터 멀리 떨어뜨려 놓는 것부터 시작한다. 우리 지역구는 어떻게 하면 아이들에게 안전한 미래를 제공할 수 있는가. 안전함을 느끼기 위해 우리가 할 수 있는 일은 무엇인가. 자치단체와 협력할 방법은? 경찰과는 어떻게 협력해야 하는가. 이 목표를 달성하는 데 장애물을 놓는 사람은 누구이며, 어떻게 하면 그 장애물을 제거할 수 있는가.

이 모든 문장이 질문 형식이라는 점에 유념하라. 딜레마와 문제를 핵심 주제로 삼는 것은 본질적으로 다르다. 이 질문들은 정체성과는 관련이 없지만, 서로에 관한 충성심에 중점을 둔다. 공통 목표를 달성하려면 연결돼 있어야 한다. 어떻게 하면 그 연결을 강화할 수 있는가.

말은 쉽지만 쉽지 않은 문제다. 국가적인 양극화에서 수사의 문문은 지역 발전을 저해한다. 네덜란드 동쪽 네이메헌에서 있었던 일을 보자. 요양원 주민들이 망명자 몇몇을 저녁 식사에 초대하고 싶어 했다. 음식을 대접하고 서로 안면을 트자는 취지였다. 여기서 다룰 질문은 "우리는 어떻게 하면 서로를 알아갈 수 있는가"다.

이 질문은 주동자 입장에서 골칫거리였다. 그래서 극우 측 사람이 불평을 시작했다. "진짜로 그러자는 것은 아니겠죠! 우리 노인들의 안전은 누가 보장하는데요?" 질문을 가장한 발언은 이런 식으로 튀어나온다. 극우파 주동자는 여기서 안전 얘기를 하는 것이 아니다. 원래 살던 시민들과 망명자 사이에 선을 긋고 있다.

　원래 의도는 서로에게 충성심을 보여줄 수 있는 여지를 만드는 것이었다. 그러나 이 경우에는 우파, 이어서 언론이 아주 효과적으로 활동했다. 이 프로젝트는 시도도 하지 못하고 중지됐다. 주동자는 정체성을 중심으로 하는 양극화 전략을 사용하는 반면, 반대 전략은 양극화 해소에 대한 충성심을 중심으로 한다.

　모든 사건, 모든 갈등에는 2가지 측면이 존재한다. 이미 손상됐거나 손상될 가능성이 있는 관계, 성패를 쥐고 있는 본질적 문제. 상대방의 정체성을 얘기하는 사람은 즉시 관계를 위협한다. 그것을 일부러 하는 사람들이 있다. 주동자다. 그러나 좋은 의도를 가진 사람들도 똑같은 일을 벌이곤 한다. 이것이 중재자가 지닌 맹점이다.

　하지만 그 누구라도 적절한 주제를 들고 온다면 양극화는 해소된다. 질문만 잘 선택하면 사람들을 한데 그러모을 수 있다. 어떤 사건이나 문제를 토론을 위한 하나의 질문으로 잘 요약하는 일은 매우 어렵다. 할 수만 있다면 우리는 응집력을 높일 수 있다. 말보다 행동으로 공유된 접근 방식은 확실히 이웃에 큰 변화를 가져올 수 있다.

위치를 변경하라

우리는 중재자들이 당파를 초월한다는 것을 알고 있다. 간혹 시장이 이 역할을 맡는 경우가 있다. 중재자 역할은 시장의 직무에서도 볼 수 있다. 시장은 당파가 이익에만 집중하는 것을 막는 동시에 모두를 하나로 모을 수 있어야 한다. 그러나 양극화 속에서 때때로 이 전략은 실패한다. 중재자는 공식적인 역할이 있든 없든 신뢰를 받지 못한다. 주동자들은 중재자를 참아주기는 하지만 "우리 편은 아니다"라고 낙인찍는다.

주동자들은 중재자들을 자기편으로 끌어들이려고 노력한다.

즉 모든 시장이 이런 회유를 받아본 적이 있다. 이 노력은 때로 눈에 빤히 보이기도 하고, 매우 교묘하게 진행된다. 조금이라도 말이 헛나오면 편파성이 그대로 노출될 수 있다. 주동자들은 미끄러운 경사 위에 굳건히 서서 시장이 미끄러지는 모습을 바라보고 있다.

양극화가 심해진 상황에서 중재자 역할, 즉 중립적이고 조정하는 역할의 시장은 종종 주동자의 인질이 될 수 있다. 주동자들이 입장을 고수하고 필요한 때 적절한 발언을 하면 쉽게 주목받고 관심받는다. 주동자들에게 과도하게 주목하는 것은 비용이 많이 드는 일이다. 이럴 때는 주제를 변경하거나, 목표 그룹을 바꾸거나, 위치를 조정하는 것이 전략적으로 중요한 선택이 될 수 있다.

난민캠프나 망명자센터 같은 논란의 여지가 있는 문제를 논의할 때는 중립적인 입장에서 귀를 기울이는 시장이 필요하다. 가끔 시장이 당파를 초월한 위치가 아니라 정확히 중간에서 결정을 내리는 일이 중요할 때가 있다. 시장이 자칭 리더라는 사람이나 주동자를 따르는 것이 아니라 해당 지역이나 도시의 관련된 사람들과 협력해 다양한 의견을 반영하고 결정을 내려야 한다는 의미다.

중간 지대를 알고, 그들의 얘기를 듣고, 중간 지대의 일부가 되고, 그들이 목소리를 낼 수 있게 도와준다고 해서 그것이 양극단 사이에 다리를 놓는 것을 의미하지는 않는다. 극단적인 위치 변경이기 때문이다.

우리는 다양한 의견을 들어야 하고, 중간 지대 사람들을 제대로 모으는 법을 알아야 한다. 또 캠프 체류자들 혹은 난민들의 정체성 논쟁(연료)에서 벗어나 지역 안전이나 야간에 경찰을 투입하는 시기에 대해 논의하는 것으로 대화 주제를 바꿔야 한다. 이웃, 경찰, 지역자치구의 공존 문제는 결국 충성심의 문제다.

이런 3가지 요소(대상 목표·주제·위치)는 상호 작용하며 시장의 역할에서 전면적으로 드러나기도 한다. 이는 교실에서 일하는 교사, 길거리에서 활동하는 경찰에게도 적용할 수 있다. 미치 엔리케스 사건을 기억해보라. 이 사건에서 유색 인종이 경찰과의 충돌에서 비극적인 결말을 맞이했다. 그 후에는 헤이그 시장이 등장할 차례였다. 사건 직후 시장은 성명을 발표했다. 시장은 경찰들과 경찰력의 정직성을 보증할 수 있다고 했다. 안타깝게도 이 성명은 연료를 들이붓는 역할을 했다.

시장은 이 지역을 위해, 이 지역을 대신해 무엇이 좋을지 말해야 했다. 경찰을 지지하거나 반대한다는 등의 발언을 하면 안

됐다. 어떤 판단이나 편견 없이 중간 지대에 서 있어야 했다. 시장은 당사자들과 상관없이 독립적이며, 중립적이지 않고, 극단 사이의 중간 지점 위에 떠 있어야 했다. 중립적인 입장이 아니라 방관자들의 이익을 염두에 두고 중간 지대에 위치해야 했다.

이곳은 여러 해 동안 긴장의 분위기가 이어졌던 지역이다. 시민들은 자신들의 목소리가 어딘가에 가닿기를 원했다. 여기서 양극화 해소란 적절한 사람을 모으고, 올바른 주제를 선택하고, 중간 입장을 취하고, 그들의 얘기를 들어주는 것을 의미한다. 의견을 표현하다 보면 사람들을 극단으로 밀어내는 경향이 생긴다. 그러나 사람들의 얘기를 들어주다 보면 중간 지대에 모을 수 있다. 그러니 성공하려면 당신이 이미 중간 지대에 있어야 한다.

암스테르담에서 이에 관한 좋은 예를 발견했다. 페기다(서방 세계의 이슬람화에 반대하는 애국적 유럽인)는 암스테르담에서 난민 정책에 반대하는 시위를 열 것이라고 발표했고, 양극화가 급속히 모습을 드러냈다. 안티파(파시즘·백인우월주의·신나치주의 등의 극우 세력에 대항하는 급좌파 집단)는 같은 날 반대 시위를 하고자 했다. 중간에서 경찰은 두 진영을 분리하는 품만 들고 그다지 보람 없는 일을 맡았다.

경찰은 중립적인 역할을 하는 동안 항상 중간 지대에 있어야 한다. 한쪽 극단이나 다른 쪽으로 편향되는 순간 위태로워질 수 있다. 경찰이 중간 지대에서 일하는 이유는 직업적인 특징이나 다름없다. 그럼으로써 경찰은 희생양의 역할을 맡을 가능성이 치솟게 된다.

페기다와 안티파 모두 네덜란드 정부가 편향됐다며 비난하기에 충분했다. 한쪽에 따르면 정부가 난민에게 관대한 정책을 펼치고 있기 때문이고, 다른 한쪽에 따르면 정부가 인종주의자들에게 관대하기 때문이다. 당시 에버하트 반 더 란 시장은 꽤 괜찮은 양극화 전략을 시행했다. 시위가 있기 전, 에버하트 반 더 란은 시위자들을 어디까지 허용할지에 대한 입장을 명확히 밝혔다.

"암스테르담 시민들은 시위의 권리를 거의 신성한 것으로 여깁니다. 경찰 역시 시위자들이 의사 표현을 자유롭게 할 수 있도록 최선을 다할 것입니다. 동시에 이 시위는 상호 존중을 해야 합니다. 이를 위해 특정 인구 집단을 모욕하거나 불쾌하게 할 수 있는 발언, 행동에 관한 규칙을 몇 가지 마련했습니다."

에버하트 반 더 란 시장은 '암스테르담 시민들'이라는 말로 중간 지대를 고수했다. 또 주제를 '난민 수용 여부(가부 문제)'에서 '모욕을 하지 않은 선에서 펼칠 수 있는 표현의 자유'라는 올바른 질문으로 전환했다. 단순히 주동자뿐 아니라 암스테르담 전체 시민과 경찰을 대상으로 연설한 것이다. 시장은 어조를 조정함으로써 판을 다시 짠 것이다. 이제 가장 어렵다고 할 수 있는 부분으로 넘어가 보자.

어조를 변경하라

 양극화에서 벗어나고 싶다면 다른 사람을 가르치듯 연설하면 안 된다. 사람은 누구나 의견이 있고, 생각이 있으며, 타인의 태도와 견해를 보며 불편함을 느끼기도 한다. 때때로 이것은 몹시 격렬한 적대적인 상황으로 사람들을 몰아갈 수 있다.
 한 학생이 발표 중에 파리를 공격한 테러리스트 빌랄 하드피가 영웅이었다고 생각 없이 얘기한다면 교사는 분노를 느낄 수 있다. 우리는 모두 각자의 의견이 있으며, 거기에 영향을 받는다. 이것이 오늘날의 교사들이 직면하고 있는 문제다. 교사는 합리적인 통찰을 찾아내고 공통점을 모색하기 위해 중재자로 역할을 바꿀 수 있다. 그렇다면 중재의 기회는 어디에 있는가.

교사가 아예 주동자가 돼 학생에게 확실하게 교훈을 주고 싶어지지는 않겠는가. 그렇게 하면 교사는 아마도 자신의 정당성을 주장할 수는 있겠지만 이득을 얻을 가능성은 미미하다. 오히려 눈에 띄는 양극화를 만들 수 있을 것이다.

많은 교사가 긴장 지대에 발을 담그고 있다. 학급에서는 교사가 중재자로서 역할을 하는 것에 대해 신중하게 평가한다. 교사는 진정 어디에 서 있어야 하는가. 이 주제가 나왔을 때 여러분은 이스라엘을 지지하는가, 팔레스타인을 지지하는가. 중재자가 중립적인 입장에서 따로 활동할 수 있다는 것은 함정이다. 주동자들이 만든 반대 논리를 인식하면서도 중재자 역할을 하는 것은 그만큼 어렵다는 의미다.

결국에 주동자들이 토론의 주제와 어조를 결정하게 되며, 조정하는 중재자들은 주동자들이 허용한 한도 내에서만 행동할 수 있게 된다. 동시에 주동자는 우리가 강한 열정과 확신으로 도덕적 정당성을 강조하게 만듦으로써 분열을 더욱 심화시킬 수 있다. 그러면 우리는 '우리 vs. 그들' 사고에 빠져 한쪽 극으로 치우치게 될 것이다. 이런 상황은 우리가 의견을 밝히는 순간 시작된다. 다시 말해 양극화에서 빠져나오기 위한 대안을 갖고 톤을 바꾸는 것은 중간 지대에서만 할 수 있다.

중간 위치에서 질문을 제기하는 것, 올바른 질문을 하려면 인내가 필요하다. 그러려면 빌랄 하드피의 정체성, 빌랄 하드피가 나쁜 사람인지 아닌지에 대한 문제로 빠지면 안 된다. 그보다는 직접적인 질문, "빌랄 하드피를 보며 어떤 점을 발견할 수 있는가?" 같은 질문을 해야 한다.

주의할 점이 있다. 질문하는 것과 정당성을 요구하는 것은 미묘하게 다르다는 점이다. 여기서 어조가 중요한 역할을 한다. 상대방의 정당성을 존중하면서 진정 관심이 있다는 어조를 보여야 한다. 부드럽고 비판적이지 않은 어조로 말해야 한다. 어조의 중요성은 뒤로 미루면 안 된다.

진짜 질문을 하는 것과 정당성을 요구하는 것은 비슷해 보일 수 있지만, 질문을 받는 대상은 그 미묘한 차이를 즉각 느낀다. 진심을 담은 질문은 모든 가능성을 열어두지만, 비난하는 질문은 아무것도 얻어내지 못한다. 상대방의 입장을 제대로 인정할 때만 세부 사항이 눈에 들어오기 시작한다. 어조는 거짓으로 만들 수 없다. 연습하면 얻어낼 수 있다. 난 이것을 '중재 발언'이라고 부른다. 중재 발언은 당연히 중재 행동을 요구한다. 교사는 물론이고 경찰관, 시장, 다른 많은 직업인도 이 기술을 연마해야 한다.

사람들은 모두 각자의 입장을 내세우고 싶어 한다. 우리는 토론을 하고 입장을 정리하는 훈련을 받았다. 라디오, TV, 신문, 소셜 미디어 등은 의견을 담아 나르는 플랫폼이다. 의견을 분명하게 말하고 비판적인 태도를 유지하는 것이 중요한 자질로 보이는 시대다. 우리는 질문을 하는 것에 대해서는 제대로 된 교육을 받지 못했다. 하지만 철학자들은 질문하는 것이 핵심 업무다. 지적이고 학문적인 분야가 아닐 때면 그다지 잘한다고 말할 수는 없다고 해도 말이다.

중재 행동은 단순히 말재주나 지적 능력만 필요로 하지 않는다. 거기에 더해 진실이 담긴 질문을 하고 진실이 담긴 혹은 중요한 결과가 나올 것을 예상하며 행동하는 태도도 필요하다. 질문을 제기한 후에는 그 대답을 들을 준비가 돼 있어야 한다. 우리는 종종 이 점을 놓치곤 한다. 다른 사람의 말을 제대로 들을 수 있게 훈련된 사람은 누구인가. 상대방에게 자신의 말이 가닿고 있다고 느끼게 하는 사람은 누구인가.

인정받는 것과 생각대로 사는 것은 같지 않다. 누군가 상대방의 말을 듣고 있지만 이미 그 사람의 반응에 다음 질문이나 옳은 반박을 하려고 고려 중이라면 그 접근은 잘못된 것이다. 듣는 사람이 마음이 불편하다거나 얘기를 반만 듣고 반은 흘린다면 이 역시 실패다.

중재 발언과 행동은 양극화 해체에서 중요한 성공 요소로 작용한다. 이는 책임이 있는 모든 사람이 갖춰야 하는 기본 기술이다. 다시 한번 말하지만, 중재 발언과 행동은 속임수가 아니다. 중재 발언과 더불어 중재 행동도 필수 요건이다.

6장
중재적인 발언과 행동

중재적인 발언과 행동은 어떻게 수행할 수 있는가. 예를 들어 설명하겠다. 이따금 네덜란드·벨기에·프랑스나 유럽 전체의 경찰은 국내에서 발생하는 양극화 문제를 마주한다. 네덜란드에 난민이 많이 도착하자 네덜란드는 지지파와 반대파로 나뉘었다. 이뿐만이 아니었다. 시민인 경찰 역시 이 문제에 대해 의견이 다양했다. 그럼에도 양극화 문제에서 경찰은 항상 중립을 유지하고, 인종·성별·종교와 관계없이 동등하게 대우해야 한다. 이는 경찰팀이 한데 뭉쳐 중립적인 위치를 차지해야 한다는 의미다.

업무 중에 경찰서장을 만난 적이 있었다. 이 경찰서장은 새로운 난민센터를 지을 예정이라서 갈등이 심화하고 있다는 사실을 인지하고 있었다. 이 현상이 마을과 길거리에서뿐 아니라 경찰서 식당 안에서도 벌어지고 있다는 것도 알고 있었다. 경찰은 근무 중에는 서로 잘 지냈지만, 난민센터 문제는 아주 민감한 주제가 됐다.

경찰서장은 상사로서 이 문제에 관해 얘기하려고 회의를 소집했다. 회의에서 꾸준히 유입하는 난민들과 미지의 상황에 대한 불안, 독신 남성들에 대한 보도, 자신의 어린 딸에 대한 걱정을 언급했다. 이 문제는 내게, 가족에게, 내가 사는 도시에 무엇을 의미하는가. 경찰서장은 자신의 감정을 이런 식으로 고스란히 표현했다. 솔직함으로 자신이 어디에 취약함을 느끼는지 보여주었고, 서로가 서로에게 개인적인 경험을 나눠보라고 독려했다. 이때 계급이나 우선순위는 중요하지 않다. 진짜 목표는 의견 정립이 아니라 본인의 진정한 색깔을 보여주는 것이어서 그렇다.

그러자 한 경찰이 부모님이 유고슬라비아 전쟁을 피해 네덜란드로 온 난민이라고 털어놓았다. 그는 팀 내 누군가(동료)가 뱉어낸 신랄한 단어 '기회주의자'에 대해 불편하고 있었고, 그 말에 상처를 받았다고 했다. 반면, 어떤 경찰은 딸이 독립주택 대기 목록에 올라간 지 벌써 3년이 지난 이유로 이민자들이 지긋지긋하다고 했다. 그는 난민센터가 이미 있는데 하나 더 생긴다는 사실에 깊은 좌절감을 느꼈다고 했다. "그 사람들은 사우디아라비아에 망명하라고 하세요, 여기 말고요!" 그런 식으로 얘기는 계속됐다.

경찰서장의 발언으로 직원들끼리의 대화가 가능해졌다. 대화를 통해 사람들의 다양한 입장이 드러나며 미묘한 차이를 인식하게 됐고, 덕분에 양극화는 더 심화하지 않았다. 팀워크가 좋아지기 시작했다. 난민의 아들이라 밝힌 경찰은 혼자가 아니었다. 난민센터를 지독하게 반대하던 사람도 마찬가지였다.

경찰이라는 직업은 같은 팀끼리 서로 이해해야만 한다. 불화가 있어서는 안 되는 직업이다. 경찰은, 이 직업은 아주 자주 그러하다시피 서로 100% 의지할 수 있어야 한다. 말 그대로 서로를 보호해야 한다. 마침내 이 토론을 통해 합의가 충분히 이뤄졌다. 그 후 경찰들은 자신들의 개인적인 의견을 내려놓고 직무를 수행하게 됐다. 네덜란드 헌법 제1조에 명시된 대로 모든 사람을 공정하게 대하게 됐다는 의미다.

이것은 내가 실제 겪은 일이다. 중간 지대를 통해 성공한 좋은 예라고 할 수 있다. 팀의 리더는 양극단의 중간 지대로 가서 진심 어린 질문을 던진다. 사람들은 서로의 다양한 입장을 인정함으로써 세세한 차이점에 관심이 생긴다. 여기서 주제는 상대의 정체성이 아니다. 비난할 이유도 없고 책임을 물을 일도 없다. 단도직입적으로 물을 질문은 '당신의 입장은 무엇이며, 이 상황에서 당신에게 영향을 끼치는 요소는 무엇인가? 이것이 여러분의 전문성에 어떤 영향을 미치는가?'다.

이제 누구라도 양극화 해소에 대해 제대로 된 훈련을 받으면 이런 질문을 할 수 있다. 누구나 내 교육 과정에 참석할 수 있다고도 말하고 싶다. 진짜 돌파구는 중재적인 언어를 사용한다거나, 뭔가를 올바른 방식으로 표현한다거나, 이해하기 쉽게 말을 바꾼다거나 논의하는 데 있지 않다. 근본적인 태도의 변화, 즉 중재하는 행동을 통해 달성된다.

여러분은 진정으로 자신의 의견을 잠시 접어둘 수 있는가? 상대방이 꼭 필요한 말을 할 때 여러분은 그 말을 분석하거나 마치 탐정처럼 사실 여부를 따지거나 진실인지 아닌지 파보려는 생각 없이 경청할 수 있는가?

갈등을 중재하면서 처음 갈등이 시작될 때의 모든 상황을 알 수는 없다는 사실을 배웠다. 라이벌 임원 사이에서 벌어지는 갈등을 해결하려고 중재에 나선 상황이었다. 몇 달의 중재 과정이 벌써 반이나 지났음에도 상황을 파악하지 못하고 있었다. 마침내 중요한 사실을 깨달았다. 내 의견은 중요하지 않으며, 상황이 어떻게 돌아가는지 모르더라도 상관없다는 것을 인지하고 나면 내 중재로 최고의 결과를 끌어낼 수 있다는 점이었다. 내 위치에 서면 매번 판단력을 포기하지 않은 채 의견을 잠시 접어둘 수 있어야 한다.

우리는 사회적 결속을 목표로 공정하게 귀를 기울일 때 가장 큰 이득을 얻는다. 이 임무는 수행하기 어렵다. 대화에 참여하는 사람은 때로 어떤 말에 아주 사소한 선입견이 있으면 단박에 눈치챈다. 이것은 즉시 토론을 방해하는 반면, 중재적 행동은 눈 깜짝할 사이에 대화를 시작하게 할 수 있다. 때때로 놀라운 영향을 미칠 수 있는 이 특성은 갈등에 대한 접근 방식에서 중요하다. 물론 양극화 접근 방식에서도 중요하지만. 이 경우는 조금 더 복잡하다.

경찰팀 예시에서 양극화(흑백 논리)를 보았다. 이 일에 관련된 사람들은 처음에만 해도 양극화를 인지하지 못했다. 일반적으로 양극화는 어떤 사건으로 촉발되며, 그 후 갈등으로 이어지고, 결국 심각한 분위기로 끝이 났다.

사건은 큰 도시의 지역훈련센터에서 일어났다. 청소년 활동 훈련을 받던 한 학생(16세)이 종교적 신념 때문에 여성들과 악수를 하지 않겠다고 했다. 학생은 자신이 믿는 신앙에 갇혀 있었다.

그래서 이 학생은 교사(62세)를 만나야 했다. 이 교사의 반응은 강력했다. 일평생 여성 인권을 놓고 투쟁했던 사람이기 때문이다. 교사는 세컨드 웨이브 페미니즘 운동에 참여했던 경험도 있었다. 그런데 교사 경력이 끝나가는 지금, 강력한 종교관을 가진 학생과 마주하게 된 것이다.

교사는 학생의 관점 자체가 적절하지 못하다고 생각했다. 이 사건은 눈에 띌 수밖에 없었다. 학교라는 특성 때문에 더욱 그랬다. 교사는 이 학생이 더는 자신의 반에 있을 수 없다고 결정했다. 학교 규칙에 의하면, 모든 사람은 교실에 들어올 때 서로 악수를 해야 했다. 교사는 이 문제를 이사회와 논의해야 했다.

교사는 이사회를 통해 알고 싶은 것이 있었다. 이 경우 원칙적으로 우리의 방향성을 무엇인가였다. 교사는 페미니즘적인 정체성을 가지고 이슬람교도에 대한 의견을 솔직하게 표현했다. 학생은 이슬람교도의 정체성으로 무장했다. 이 학생에게 여성과 악수를 하는 일은 받아들여지지 않았다. 학생은 자신의 의도 자체가 고결하니 자유롭게 신앙을 고백할 수 있는 권리를 갖고 싶다고 했다.

이 사건은 갈등으로 번졌다. 그러자 가능한 갈등 관리 방법이 모두 총동원됐다. 토론, 대화, 해결 방안 탐색, 이슬람 종교 지도자 이맘의 중재는 물론이고 존경받는 동료를 동원해 교사 또한 조언을 받기 시작했다. 해당 학생의 부모까지 참여했다. 부모는 아들의 광신적인 태도를 좀 더 부드럽게 다뤄달라고 요청했다.

모두가 시간이 지나면 괜찮아지기를 바랐다. 그러나 교착 상태는 깨지지 못한 채 학생은 퇴학당했다. 돌이킬 수 없는 상황이었다. 학교이사회는 정해진 기준을 바탕으로 방해 요소를 제거했다. 해결책이 우아했다고 말하지는 못하겠지만, 어쨌든 갈등은 종결된 것으로 보였다.

3장의 [그림 11]과 [그림 12]의 빙하 모델을 참고해보면 지금까지 우리는 직접 관련된 사람들하고만 대화하고 일을 진행했다. 강화 단계, 유지 단계, 중재 단계에서는 어느 정도 성공을 거둘 수 있다. 갈등은 관리가 된다. 부족한 것은 양극화를 인식하는 레이더였다.

결국에 학생들이 양쪽으로 갈라지기 시작했다. 그러는 동안에 대중, 중간 지대는 듣고 있었다. 그중에는 센터에 다니는 다인종 학생들이 있었고 이슬람교도 학생도 있었다. 그들은 유지 단계에서 자신들의 의견을 형성했다. 이후 양극화는 진정됐다. 더는 아무것도 전개되지 않았고, '위에서'의 발표도 없었다. 그렇다고 양극화가 없어졌다는 의미는 아니다.

정보가 부족하자 추측하는 사람들이 생겼고, 광범위한 음모론이 판을 쳤다. 일부 교사들이 우익 정당의 회의에 참석한 것이 목격됐다는 소문이 돌았다. 여러 학생이 첫 행동에 나선 학생을 따르려 했다. 첫 학생은 그 행동을 통해 용감하다는 평가를 받은 터였다. 촉매제와 연료가 마구 쏟아졌고, 일주일 만에 서로의 관점은 굳건해졌다. 여전히 학교이사회는 침묵만 지켰다.

한편 다른 인구 집단도 각자의 방식으로 반응하려고 움직였다. 교직원들은 반대자와 지지자로 나뉘었다. 일부 교직원들은 이슬람이 네덜란드 문화에 강력하게 영향을 미쳤다고 생각했다. 경계를 정의하고 한계를 설정하는 것만이 앞으로 나아갈 수 있는 유일한 방법이었다.

교직원들이 말한 내용은 다음과 같다. 평등에서, 우리는 결코 뒤로 되돌아가서는 안 된다. 현재 발을 잘못 내디디면 파멸로 이르는 미끄러운 비탈길에 서 있다는 것을 인정해야 한다. 이슬람교는 그렇게 나쁘지 않다는 견해를 가진 사람들도 있다. 이슬람교도한테 적응 좀 하라고 요구하거나, 이 학생이 신앙을 이어나가지 못하게 방해하거나, 그냥 화해만 하라고 한다면 우리는 시대에 뒤떨어지게 될 뿐이다.

만약 그 학생이 악수 대신 문으로 들어오면서 잠시 고개 숙여 인사하거나 끄덕여 보임으로써 존경심을 표할 수 있었다면 이렇게 소란 피울 이유는 없지 않은가. 이 집단의 리더는 이렇게 말했다. "여러분 모두는 외국인 혐오에 이슬람 혐오를 하고 있는 겁니다."

양극화의 특징은 서로에 대해 정체성을 설정한다는 것이다. 여기서 우리는 지지자와 반대자 모두가 이를 수행하는 것을 볼 수 있다. 서구 사회 vs. 이슬람 정체성이 그렇다. 학교이사회는 보고만 있었다. 갈등 관리는 했지만, 양극화는 다루지 않았다.

여기서 사람들의 신뢰를 얻으려면 중재의 말과 행동이 필요하다. 이미 양극화된 분위기에서는 너무 늦었다고 할 수 있다. 신뢰는 전쟁이 시작되고 유지 단계를 시작하기 전, 즉 평화의 시기에 구축해야 한다. 이 경우 양극화 해소란 충돌 당사자들을 다루는 것뿐 아니라 중간을 통해 양극화를 해결해야 함을 의미한다.

이사회가 다뤄야 하는 임무는 2가지였다. 학생과 교직원 간의 양극화를 조심스럽게 다뤄야 했다. 주동자들이 아닌 중간 지대에 있는 사람들에게 존경심을 표해야 했다. 여기서 다뤄야 하는 주제는 이슬람이나 네덜란드의 정체성이 아니라 학교에 맞는 행동 규범을 어떻게 찾을 수 있는가다. 학생에게 또는 교사에게 영향을 미치는 것은 무엇인가? 양극화에서 과연 누가 자신이 문제였다고 선언할 준비가 돼 있는가? 대화를 가능하게 하는 올바른 어조를 찾기 위해 어떤 뉘앙스를 사용해야 하는가?

여기서도 사람을 모집하는 전략은 매우 중요하다. 자신을 표현하고자 하는 사람은 누구이며, 매주 발행하는 학교 신문에 건설적인 글을 쓰고 싶어 하는 사람은 누구인가? 이사회는 둥둥 떠다니는 중재자 역할을 포기하고 과연 중간 지대에서 질문을 제기하고 들을 의향이 있는가? 리더 위치에 있는 사람들이 이를 소홀히 하거나 시도조차 하지 않는 이유는 혹시라도 자신의 행동으로 상황이 더 나빠질까 두려워서다. 확실히 연료 제공의 기회가 생긴다면 그렇게 되는 것은 당연지사다. 그러면 어쩔 수 없이 감정이 고조된다.

누군가가 중간 지대에 서서 올바른 질문을 하고 사람들의 얘기를 들어줄 수만 있다면 분노와 좌절의 폭풍이 몰아쳐도 상황은 달라질 것이다. 그러려면 끈기보다는 자신감과 자존감이 더 필요하다. 내 주변에도 고집스럽게 중립을 유지하며 집념을 가지고 자신의 신념을 지키는 사람들이 존재한다. 그러나 이것이 성공의 보증 수표는 아니다.

성공을 위해 필요한 것은 자신감이다. 중간 지대에 서서 사람들이 말하는 내용을 다 듣고 이해했으며 감동을 표현하는 것은 매우 중요하다. 이 위치에 있으면 그냥 듣고 끝나는 일은 불가능하다. 반드시 규칙을 정하게 돼 있다. 그렇다고 모든 규칙이 토론을 필요로 하는 것은 아니다. 학교에서 규칙을 언급할 수는 있지만, 수행은 반드시 토론을 거친 후에라야만 가능하다.

진짜 문제는 무엇인가?

주동자가 만든 틀을 맹목적으로 따르지 마라. 양극화가 일어나면 두 정체성이 서로 반목하게 된다. 실제로 일어나는 일은 어떤가? 적절한 질문을 제기함으로써 양극화의 깊은 층위를 파헤칠 수 있다. 한 번은 주거 지역에서 이 상황을 보여주는 적절한 예시를 접한 적이 있다.

이곳은 사람들이 많이 지나다니는 광장 주위로 새로 지어진 고층 아파트가 있었다. 사람들은 두 진영으로 나뉘었다. 한쪽은 젊은이들로 구성된 생 집단의 소음에 실릴 대로 실려 있었다. 이

갱들은 광장에서 작은 축구장 주변에 있는 광고판에 대고 공을 차며 놀았다. 다른 쪽은 갱들이 그다지 문제가 되지 않는다고 생각했다.

어느 무더운 여름날, 이 지역 사람들은 광장에 모여 바비큐 파티를 열었다. 이따금 갱들에게 조용히 해달라고 요청했다. 이런 일이 얼마간 이어졌고, 잠시 후 다른 동네에서 와 어슬렁거리던 사람들이 이 싸움에 끼어들기 시작했다.

소음 문제는 점점 심각해졌다. 이 상황은 급속도로 나빠졌다. 급기야는 누군가가 절도가 일어났다며 경찰에 신고하는 일이 벌어졌다. 경찰은 대거 등장했다. 미디어가 이 사건을 보도하면서 금세 이슬람교도와 비이슬람교도 간의 양극화라는 딱지를 얻었다. 알려진 바로는 지역 갱단은 광장 주변에 사는 부모들의 지지를 받았다고 한다. 그 일대에 사는 대부분 백인은 분노했다. 주동자 대표의 말은 이렇다. "우리는 여기서 마치 다른 나라에 온 것 같은 기분을 느끼고 싶지 않다."

이 인터뷰는 언론에 보도된 것 가운데 비교적 온건한 발언에 속한다. 한 중재자가 모습을 나타냈다. 지역 목사로 대화가 사태를 진정시킬 수 있다고 믿는 사람이었다. 목사는 이 문제를 논의할 장소로 교회를 내주었다. 이런 시도 역시 직감의 역학이 만든 연료를 줄이지 못했다. 오히려 더 많은 연료를 생산해낼 뿐이었다.

결론적으로 우리-그들 구도는 이 상황에 적합하지 않았다. 중간 지대에서 설문을 진행하자, 몇 년 전부터 구조적으로 결함이 있었음이 드러났다. 이곳 신개발 지역에 사는 주택 소유자들이 애초에 신청했던 집은 광고 팸플릿에 있는 것처럼 녹지가 있는 광장 주변에 늘어선 주택이었다. 건축가와 도시 계획자 도면에는 키 큰 라임나무가 가득한 공간에 유모차를 밀고 산책하는 젊은 엄마들의 모습이 담긴 녹색 전원의 풍경이었다.

그러나 이 매력 가득한 풍경에 작은 축구장이 등장하자 주택 소유자들의 꿈은 산산조각이 났다. 축구장이 생기자 그 지역은 기대했던 지위를 얻지 못하게 됐다. 꿈같은 이미지가 무너지자 새로운 주택의 가치도 그에 상응하는 만큼 하락했다. 이슬람과 비이슬람 간 논란의 기저에서 울려 퍼지는 근본적인 정체성은 '집주인'과 '세입자'였다. 집세를 내며 거주하는 세입자들은 집주인보다 경제적으로 상황이 불리하다. 이해관계도 달랐다.

집주인들은 자신들이 상상했던 장소와는 매우 다른 장소에 온 상황이었으나 대부분이 이슬람교도였던 세입자들은 광장을 다른 식으로 바라보았다. 그래서 느낌이 달랐던 것이다. 사람들에게 동기를 선사하는 질문을 할 줄 알고, 무엇이 영향을 미치는지, 진짜 문제가 무엇인지 이해하는 것, 거기에 더해 가능하다면 공통 질문이 무엇인지 알아내는 일은 말할 수 없을 만큼 중요하다.

주동자는 반대편 극단의 정체성을 훼손할 수만 있다면 어떤 사건이든 가리지 않고 기회로 삼는다. 중재 행동에는 기본이 있다. 중간 지대에 머물면서 질문하고, 조사할 능력이 있다는 점이다. 이것은 모든 내용을 알 필요 없이 결론을 내리지 않고도 진행할 수 있는 것들이다. 이 단계에는 조건이 붙는다. 당사자들이 자신의 문제를 인정하고, 그 문제에 대해 무슨 생각을 하는지 충분히 밝혀야만 적합하게 흘러간다는 점이다.

정리

상황이 다르면 조치 방법도 달라진다. 어떤 상황이든 세심하게 전략을 세울 수 있도록 난 양극화 해체 도구 상자를 통찰력으로 가득 채웠다. 이것을 편리하게 만들기 위해 체크리스트(5가지 역할, 판도를 바꿀 4요소, 7가지 갈등 단계)를 추가했다.

궁극적인 주요 도구는 우리의 성격이다. 경찰관이라면 누구라도 순찰하다가 긴장할 만한 사건을 만났을 때 그 상황에 100% 수완을 발휘해 대처해야 한다는 것을 알고 있다. 경찰들은 경찰학교에 다닐 때부터 연결 유지 교육을 받는다. 결국에 시장이 사람들의 모든 시선이 자기에게 쏠려 있다는 것을 아는 경우, 진정성 있는 태도만이 정치적 돌파구를 만든다. 초등·중등·고등 교육에서 일하는 교사들은 학생들이 언제든지 원하기만 하면 자신들을 한계치까지 몰아갈 수 있다는 것을 안다. 그럴 때면 여러분은 그 도전에 대처하기 위해 모든 성격을 다 동원해야 한다.

이 점에서 볼 때 교사나 시장이나 그다지 다르지 않다. 당신이 어떤 사람인가가 더 중요하다. 그 장소가 교실이든 도시든 우리가 요구하는 리더는 진심으로 듣는 사람이다. 또 한 가지 필요한 것이 있다. 믿을 만한 성격이다. 이는 신부, 목사 또는 이슬람교 지도자, 건강관리 종사자, 프로젝트 매니저 또는 지사에게도 동등하게 적용할 수 있다. 이 사람들의 공통분모, 즉 긴장된 상황에서 의지할 수 있게 만드는 것은 중재하는 말과 행동을 사용할 수 있는 능력이다. 이 능력은 모든 직업에서 성공을 결정짓는 중요한 요소다.

더불어 여러분은 또 다른 무언가를 가지고 있어야 한다. 양극화된 상황, 즉 흑백 논리에 갇힌 상황에서 사람들은 종종 자신들에게 아주 사소한 면, 때로는 가장 추악한 면을 드러내기도 한다. 때로 사람들은 유치해지기도 한다. 이는 종종 몇 년 전에 일어났던 일이나 오랫동안 잊고 있던 일에 대한 것이며, 가족 갈등이라면 어떤 대가를 치르든 계속 지속된다.

때때로 사람들은 파괴를 불러오는 양극화에 에너지를 쏟으며 그것을 토대로 자신의 정체성을 형성한다. 열렬한 환경 운동가들 사이에서도 그렇고, 농업인들과 자칭 '자연을 보호하는 사람들' 사이의 긴장 상황에서 이런 현상이 발생하는 것을 볼 수 있다. 이런 상황을 너무 자주 반복한 나머지 이들은 적이라는 존재 없이는 아무것도 할 수 없게 됐다. 그들 개인에게 양극화 자체가 정체성 일부로 고정된 것이다. 철학에서는 이것을 '자기 유권자들'이라고 부른다. '내 정체성을 지지하는 사람들, 시간이 흐름에 따라 그 정체성에서 필수적인 부분이 되는 사람'을 말한다.

적의 이미지를 소중히 지키고 있으면 여러분의 사고는 뻣뻣하고 융통성 없게 변한다. 그래서 더 나은 자신을 보여주기 힘들어진다. 네덜란드의 리얼리티 쇼 〈가족 식사〉는 TV 카메라 앞에서 그다지 매력적이지 않은 가족 간의 다툼을 보여주었다. 이 예를 통해 양극화의 하찮음을 강조하고 싶다. 다시 말해 이 문제가 가지고 있는 면을 사소하게 만들고 싶은 마음은 전혀 없다.

이 어리석음과 고집, 즉 하찮음에 속하는 이 두 단어의 심각성은 역사에서 충분히 강조돼왔다. 특히 이런 특성이 군중의 맹목적인 힘과 결합했을 때 더욱 문제가 됐다. 소심한 군중이 순식간에 폭력적이고 강력하게 변할 수 있는 위험한 존재라는 것은 잘 알려진 사실이다.

여기에는 해독제가 있다. 비전이다. 우리는 군중의 반대자, '진정한' 지도자들이 비전을 갖기를 기대해야 한다. 양극화가 생긴 경우 유익한 중재 발언이 쏟아지지만, 이것이 비전과 가치로 가득 차 있어야 한다는 점이 중요하다. 내가 정의하는 비전은 '상상력을 통해 새로운 현실을 창조하는 힘'이다. 비전은 사람들이 현실을 직시하게 하고, 그들이 했던 말과 가치관으로 보여준 하찮은 모습에서 꺼내주는 도구가 된다. 대단한 작업이다.

넬슨 만델라는 비전에 성공해온 나라를 복수 단계에서 화해 단계로 끌어올렸다. 여기서 내가 만델라를 완벽함의 예로 사용한 이유는 다른 정치인을 칭찬하거나 비방하려는 의도 없이 정치적 스펙트럼에서 좌파나 우파에 속하지 않기 위함이다. 여러분은 정치 지도자들이 그동안 얼마나 풍부한 비전을 제공해왔는지 혹은 얼마나 빈약한 비전을 제공해왔는지 직접 찾아볼 수 있을 것이다. 양극화가 존재할 때, 지도자들은 상상력을 바탕으로 비전을 제공해야 한다.

중재자 역할을 하고자 하는 지도자들이 시간과 자본을 가장 잘 투자할 방법은 중간 지대에 서서 가능한 접근 방식에 대해 경청하고 인지하는 것이다. 그런 다음 얘기를 통해 비전을 제시하며 사람들을 연결하고 사태를 진정시킬 수 있어야 한다. 이 중재는 주동자가 내뱉는 거친 언사를 모방하지 않은 절제된 언어로 채워진다. 얘기에서 판도를 바꾸는 4요소가 최고의 지침이라고 할 수 있다.

우리가 세계 지도자, 장관, 시장에게서 듣고 싶은 것이 싸움뿐이라는 것은 오해다. 싸움은 잠시나마 직감을 만족시킨다. 신문 기사는 그런 말들로 가득 차 있기는 하다. 그러나 사람들은 이제 불편함을 느끼기 시작했다. 또 우리가 '이슬람 국가'와 전쟁 중에 있다는 말을 듣기를 원한다고 생각한다면 그것 역시 오해다. 강한 말은 무력한 자의 탈출구가 돼주지만, 우리를 양극화의 깊은 늪으로 파묻을 뿐이다. 우리는 전 세계의 정치 지도자들이 이 함정에 빠지는 모습을 목격해왔다. 비전은 종종 거친 언사를 분출하는 것과 혼동된다.

상상력이 담긴 비전은 우리를 고양한다. 비전은 미묘하며 반드시 우리가 듣고 싶은 말을 해준다는 보장은 없지만, 양극화에서 벗어날 수 있게 해주는 언어와 태도가 있다. 비전은 우리에게 지평선을 보여준다. 즉 공간을 제공한다. 비전은 많은 것을 요구한다.

지근거리에 있는 사람들이 비전을 보여주는 모습을 목격한 적이 있다. 건강관리 담당자, 특정 저자들, 몇몇 경찰서장, 몇몇 강사들이 그랬다. 멀리 있는 사람이라고 예외는 아니다. 소수지만 세계적 지도자들과 정치인에게서도 비전을 볼 때가 있었다. 그렇기에 우리가 중재하는 말과 언어를 발전시키기만 한다면 불가능한 일이 아니다.

우리가 리더들에게 더 많이 요구할수록 더 많은 사람이 영향을 끼치게 될 것이다. 이런 수단을 통해 더 많은 사람에게 접근할수록 우리는 양극화를 더 많이 해소할 수 있을 것이다. 상상력은 우리의 사고를 유연하게 만들기 때문이다.

어떤 지도자들은 상상력을 자극하고 중간 지대에 서 있는 것을 너무 온건하다고 여긴다. 이 지도자들은 중간 입장을 취하고 나면 강력하게 요구하고 기준을 명확하게 설정하는 것이 불가능해진다고 생각한다. 그러나 이것은 맞지 않다. 유럽에서 생각하는 명확한 기준 하나는 남녀평등이다. 경찰의 기준은 차별 금지다. 정치와 대중의 기준은 투명성과 언론·출판의 자유다.

기준을 설정하는 것은 매우 대단한 일이다. 지속적인 중요성을 띠지만 논의를 거치지 않은 채 기준을 수행하는 것은 말만 번지르르하고 행동이 뒤따르지 않는 것과 마찬가지다. 도널드 트럼프 같은 지도자가 완벽한 예시다. 기준이 실질적으로 의미가 있으려면 논의가 필요한 데 반해, 명확한 기준이 없으면 이를 실제로 실행에 옮기는 것이 불가능해진다.

예를 들어 남녀를 동등하게 대하는 기준이 명확할 때만 여성을 위한 동등 임금과 '유리 천장'에 대한 얘기가 가능해진다. 차별 금지 기준이 명확할 때만 인종 프로파일링*이라는 어려운 문제를 합리적으로 논의할 수 있다. 이것은 반대로도 적용할 수 있다.

기준은 실제로 논의의 주제가 될 수 있을 때만 실질적인 중요성을 얻는다. 전문적인 대화를 거치지 않고 만들어지는 기준이란 빈껍데기나 다름없다. 그런 기준은 TV에서의 담화나 발언에는 도움이 될지 몰라도 실용적 가치를 따지면 매우 제한적이라는 것을 알게 될 것이다.

---

* 피부색이나 다른 인종적 특성 때문에 불신검문하는 일.

7장
긴급함, 긴급함, 긴급함

●

이 책에서 자세히 묘사한 사고의 틀은 최근 몇 년간 중요해졌다. 사회의 여러 분야에서는 양극화에 대해 해결책을 찾아야 하는 긴박한 상황에 부딪혔다. 특히 반테러, 안보, 과격화 분야에서 그 경향을 볼 수 있다. 내 생각으로는 향후 몇 년간 이 긴박한 상황이 더욱 심해지리라고 본다. 거의 불가피한 일이다. 여기서는 저널리즘의 역할도 중요하다.

그런 이유로 양극화를 다룬 이 책을 마무리하면서 2가지 측면을 다루려고 한다. 과연 양극화 현상과 과격화 현상을 함께 살펴봄으로써 얻을 수 있는 통찰이 있는가? 양극화 모델이 '새로운 저널리즘'을 형성하는 데 얼마나 큰 잠재력이 있을까?

과격화의 악순환

양극화는 굳건하게 존재하는 현상이다. 그냥 사라지기만 바라고 있어서는 안 된다. 비록 지금까지는 이 점을 언급하지 않았지만, 그 안에서 마찰이 정반대 방향으로 나타날 때 변화와 혁신을 촉진하는 주요 요소가 된다는 긍정적인 면도 찾을 수 있다. 문명화 내에서 나타나는 적절한 양극화는 기존 질서에 도전하는 새로운 길을 모색할 수 있게 한다.

잘 알고 익숙한 상황에서는 발전하기가 더 어려운 법이다. 발전이 이루어지려면 도전이 필요하다. 양극화도 갈등과 마찬가지로 인간 발달의 일부를 차지한다.

그렇다면 '문명화'된 양극화란 어떤 수준을 의미하는가? 그것이 어느 시점을 넘어서야 그룹을 분열시키고 협력, 심지어 사회까지도 위협하는 위험한 힘으로 작용하는가?

클라스 반 에흐몬트 교수와 연락해 이 질문에 대한 답을 찾았다. 클라스 반 에흐몬트는 《문명의 한 형태》에서 우리가 가진

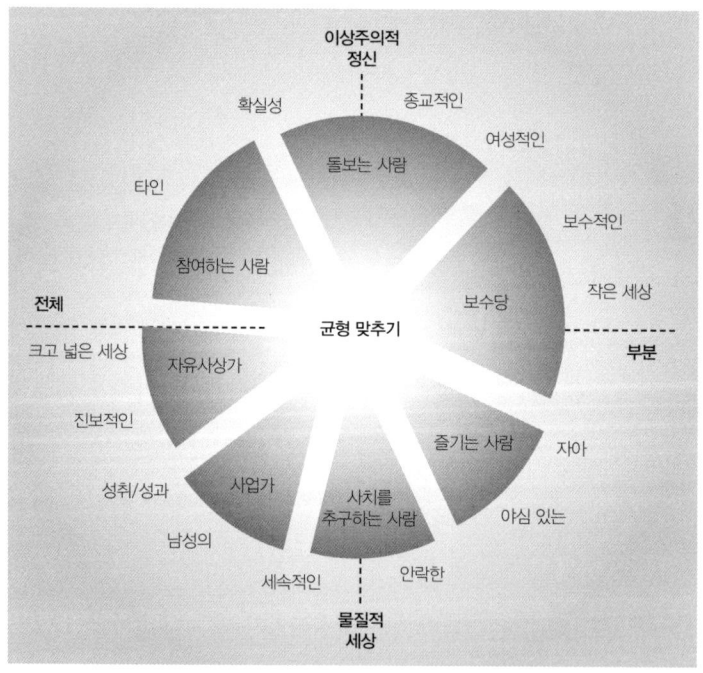

[그림 15] 주요 가치 지향

세계관과 가치관이 서로 경쟁하고 대립하는 방식을 훌륭하게 설명했다. 여기에서 클라스 반 에흐몬트의 통찰력을 소개하려고 한다. 반 에흐몬트 교수는 과격화가 우리의 생각으로 들어오는 순간을 지적했다. 우리의 생각이 유연성을 잃고 굳어져서 경직된 상태를 통해 때때로 극단주의로 이어지는 순간 말이다.

사람들의 세계관에서 몇 가지 기본적 가치 지향을 구별할 수 있다. 이런 지향성은 우리 정체성에 대해 무언가를 말해준다. 그것은 구성 성분이기 때문이다. 우리는 우리 자신을 우리가 가진 가치와 연결함으로써 자신을 표현하고, 다른 사람들에게 우리의 정체성을 알리게 된다. 이것은 당연히 모든 개인마다 다르다. 그 이유는 우리 모두가 다르다는 사실에서 찾을 수 있다.

그러나 우리는 몇 가지 기본적인 주요 특징을 발견할 수 있다. 세계관을 카테고리로 분류할 수 있다는 뜻이다. 예를 들어 우리는 항상 나/개인 vs. 우리/집단(부분-전체)이라는 모순을 고려해 우리의 위치를 정의한다. 긴장 지대에 있을 때면, 우리 모두 어느 정도든 한쪽으로 치우치는 경향이 생긴다. 물질적 가치와 비물질적 가치(주는 것과 받는 것) 속에서, 마찬가지로 우리는 한쪽 극으로 향하는 경향이 있다. 우리의 존재와 우리가 행하는 모든 것, 우리가 뭘 좋아하고 싫어하든지 간에 우리는 이런 긴장 속에서 행동한다. 시장 조사 기관 NIPO는 이런 긴장의 영역을 가늠하기 위해 광범위한 설문 조사를 하기도 했다. 반 에흐몬트는 NIPO가 얻은 결과를 네 개의 사분면으로 나눠 정리했다. 일반적으로 이는 [그림 16]과 같이 우리가 가치 지향을 전 세계적으로 분류하는 방식이다.

[그림 16]은 여러 모순에 대한 통찰력을 제공한다. 우리는 이런 카테고리를 양극화 세계관에도 적용할 수 있다. 사실, 통계, 합리적인 토론, 전달 가능한 지식에 집중하는 과학자라도, 영적이고 무형의 요소를 포함하는 세계관, 즉 반대의 세계관을 가진 사람과 마주칠 수 있다. 이런 세계관을 가진 사람들이 믿는 지식은 다르다. 그것은 어떤 확신 없이 찾아오는 형태의 지식으로, 오직 교리적으로만 제시된다. 그러면 두 세계관은 충돌한다. 가치 지향과 진리는 서로 밀접하게 관련돼 있다. 이 말은 전통적으로 독실하게 신앙을 지켜온 기독교인이, 사분면의 반대쪽에 있는 사람과도 만날 수 있다는 뜻이다. 이 사람은 종교적 관점에서 선과 악(윤리)에 선을 긋지 않고, 그것을 오직 구조로서 이해한다. 그래서 하나의 윤리적 틀에서는 유효하지만 다른 틀에서는 유효성이 없다고 본다.

선과 악은 상대적이다. 그러나 이렇게 얘기하면 유일신교에 익

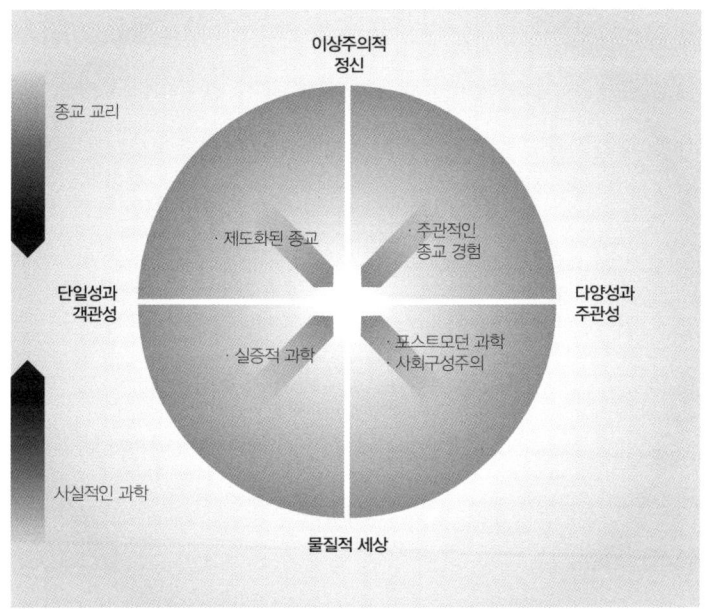

[그림 16] 진리의 주장과 충돌하는 세계관

숙한 신앙인들은 이해하지 못할 것이다. 게다가 1분면과 3분면 사이, 즉 종교 대 과학에서도 역시 갈등이 펼쳐진다. 한결같은 종교 신념의 확신과 역시 한결같은 과학의 확신이 충돌하는 것이다. 여기서 우리는 과학의 교리와 종교의 교리가 서로 손발톱을 세우고 치열하게 싸우는 것을 보게 된다. '우리 편이 아니면 반대편이다'라는 마음으로 싸우는 것이다. 많은 사람에게 있어 중간은 없다. 어떤 사람들은 종교를 가진 과학자를 보고 모순덩어리라 생각한다. 과학자는 모스크나 교회에 가면 안 된다는 논리다.

사분면의 어느 위치에 있든지 간에 내가 양극성 모델에서 '가시성 라인'이라고 부르는 면을 갖게 된다. 우리가 밖으로 향할수록(중심에서 멀어질수록), 정체성을 드러내는 중요한 특징들이 더욱 눈에 띄게 되고, 또한 더 큰 확신(나는 이것을 유혹이라고 부른다)을 얻게 된다는 것이다. 이것은 특히 젊은이들에게 있어서는 더 큰 유혹으로 작용한다. 중간에 보이는 회색 톤에서는 대개 젊은이들이 갈망하는 명확성을 찾기 힘들기 때문이다. 반면 중간부터 멀어질수록 우리가 가진 가치 지향에 대해 논의할 의향이나 기회가 줄어든다. 보통 가장 바깥쪽 영역에 있는 사람들은 자기들끼리 이 세계관이 옳다고 확인해주며 자기만족을 하고, 그래서 상대방이 틀렸다는 것을 당연하게 여긴다. 그들은 중간 입장을 받아들이려 하지 않는다. 일부 몇몇 사람은 누군가가 중간 지대에 있는 것 자체가 너무 모호한 행동을 하는 것이라고 생각한다.

대화는 중간에서 이뤄진다. 토론(서로 합리적으로 말하고 듣는다)은 외부로 향하는 선 위에서 이뤄진다. 이 선을 따라 더 밖으로 나가면 논쟁(관점을 교환한다)이 진행되고, 극단화의 끝부분에서는 드디어 단독 발언이 시작된다. 더 바깥으로 나가면 조용해진다. 이것은 폭풍전야 같은 것이다. 이곳 바깥쪽 원에서는 과격화의 신호가 나타나며, 때로 이곳이 전환점이 돼 우리가 과격화로 빠져들기도 한다. 그동안 가지고 있던 세계관을 벗어던지는 지점이 되는 것이다.

우리가 서 있는 곳에서 다른 3가지 사분면과 연결된 끈을 손에서 놓아버리면, 누구나 과격화로 빠질 수 있다. 생각은 그 자체로 엉뚱하게 과장되기 때문이다. 구도에 대해 말하면 원 밖의 영역은 과격화된 사람들이 모여 있는 곳이다. 이 원 자체가 전환점이다. 세계관, 신념이나 종교 자체는 문제가 되지 않는다. 문제가 되는 것은 엉뚱한 과장이다. 편파적인 입장 또한 문제가 된다. 어떤 문제의 반대쪽에는 또 다른 문제가 있기 때문이다. 예를 들어 네 개의 사분면 모두에서 나타나는 편파적인 경향이 그것이다. 한쪽으로 치우치는 이런 편파적 경향은 파시즘, 과도한 자본주의나 경제주의, 지하드주의로 이어질 수 있다.

더 깊이 있는 설명과 예시를 보고 싶은 사람이 있다면 클라스 반 에흐몬트의 책을 참고하라. 그 책이 이 부분에 대해 아주 자세히 다루고 있다. 내가 여기서 제시한 것은 이런 현상이 양극화와 과격화에 주는 영향을 아주 간단하게 보여준 것뿐이다.

그러나 과격화는 정체성의 문제라기보다는 충성도(!)의 문제다. 우리가 다른 사분면과 연결될 수 있는지는 중요한 문제다. 여기서 볼 수 있는 충성도란 어떤 것인가? 우리는 한쪽으로 얼마나 치우쳐있는가? 이것은 결정적인 전환점이다. 브뤼셀에서 험한 지역으로 알려진 몰렌베크에서는 많은 젊은이가 성인으로 성장하는 동안 점점 과격화가 되는 모습을 보였다. 나는 경찰 관계자들이나 교육자들에게 내가 한 분석을 공유해주었다. 우리가 공동으로 내린 결론은 지난 20년 동안 근본적으로 충성도가 크게 희석됐다는 점이었다. 그것은 정체성에 집중한다(살라피스트 모스크에 가서 강경파를 찾는다)고 해서 늘 과격화된 젊은이들을 찾아낼 수 있는 것은 아니라는 뜻이다. 이런 사고방식을 갖고 있으면 잘못된 방식으로 정체성에 집중하게 된다. 실제 위험은 사람들이 충성심을 갖는 네트워크, 다른 사분면과의 연결성을 잃을 때 발생한다. 예를 들어 모하마드 부예리*의 경우, 종교적 견해에 관해서는 단 한쪽으로만 충성심을 갖고 있었기에 반대편에 있는 네덜란드 영화감독 테오 반 고흐를 암살하게 된 것이다. 그러므로 [그림 17]에서 보는 것처럼 편파성은 악과 같다.

    주동자들은 외부 압력을 강화한다. 사분면을 놓고 봤을 때 우파인 헤이르트 빌더르스 같은 주동자는 오른쪽 아랫부분에 위

---

* 2004년 네덜란드 영화감독 테오 반 고흐를 살해한 혐의로 종신형을 선고받고 복역 중인 모로코-네덜란드 이슬람 테러리스트.

치한다. 그는 이슬람 시민들과의 토론을 배제함으로써, 자신을 원 밖, 즉 과격화 쪽으로 내몰고 있다. 그는 정체성을 공격한다. 다른 가치로 지향하는 접촉점을 잃는다는 것은 과격화의 시작점과 같다. 그의 반대편에 있는 이슬람 사람들은 사분면에서 왼쪽 위에 있다. 다른 세 분면의 가치 지향성을 가지고 얘기할 수 있는 이슬람교도는 원 안에 존재한다. 그러나 그럴 수 없는 이슬람교도의 경우, 편파성이라는 악에 굴복해 과격화 지역을 점령한다.

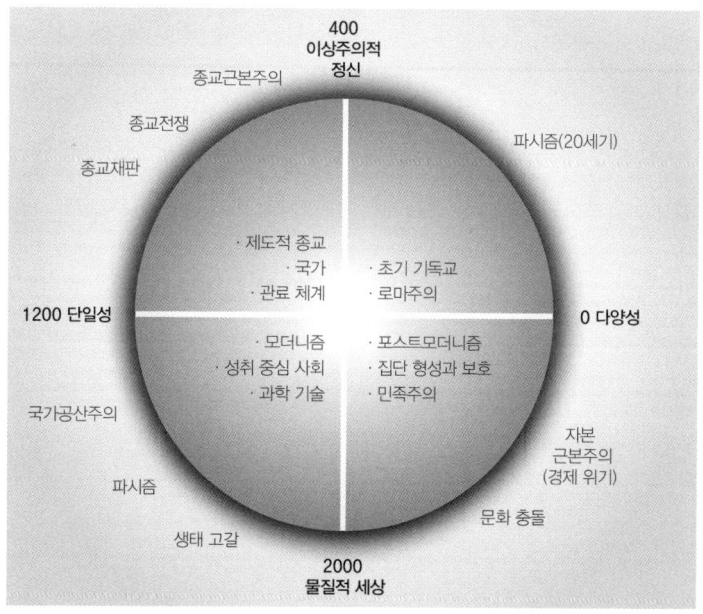

[그림 17] 편파성은 악과 같다

그것은 그들의 적인 헤이르트 빌더스도 마찬가지다. 클라스 반 에흐몬트에 따르면, 시대정신(한 특정 시대의 사회를 특징짓는 정신)은 빌더스 같은 포퓰리스트와 함께 한다. 역사를 통해 봤을 때, 사회는 언제나 어느 한 사분면이 우위를 점하는 것으로 보인다. 최근까지만 해도 우리는 왼쪽 아래에 있었는데, 지금은 '어떤 불확실한 프로젝트' 때문에 오른쪽 아래가 지배적이게 됐다. 이에 대한 저항은 더 이른 시기에 지배력을 이룬 왼쪽 상단에서 주로 이뤄졌다. 이 때문에 클라스 반 에흐몬트가 저항 정체성, 정당화 정체성, 프로젝트 정체성에 대해 얘기한 것이다. 각각은 특정한 성격을 띤다.

양극단의 중간에 있는 긴장 지역으로 인해 때때로 양극화가 해체되는 경우도 있다. 그러면 리더라는 위치에서, 양극화 전략가 혹은 중재자는 사람들이 기대치를 올바르게 갖게 하는 매우 중요한 임무를 띠게 된다. 과연 양극화 해소 과정에서 전진하고 있다는 것을 보여주는 증거는 무엇인가? 가능한 것은 무엇이며, 우리가 소망할 수 있는 것은 무엇인가? 진전은 어떻게 일어나는가? 이곳에서도 역시 키워드는 충성도다.

나는 네덜란드 발전 기구의 훈련 과정에서 다음과 같은 날카로운 질문과 마주한 적이 있다. '어떻게 하면 교착 상태나 긴장 상태에서 진전을 이룰 수 있는가?' 이 민간 조직은 인권에 초점을 맞춘 곳으로, 자바섬에서 훈련과 교육을 담당한 인도네시아 조직과 협력을 유지하고 있었다. 거의 모든 인도네시아 조직이 그러하든, 이 조직의 배경에는 이슬람교가 있었다. 여러 해 동안 인도네시아에서는 훈련사/교사 특별팀을 구축했고, 그들은 뛰어난 성과를 거두었다. 개발 기구가 이 협력사업을 지원했고, 수혜자는 기부금을 분배했다. 이것은 중요한 사실이다.

 그러자 곧 특정한 양극화 상황이 일어났고 상황이 어지럽게 흘러가기 시작했다. 지역 훈련사 한 명이 바이섹슈얼임이 드러난 것이다. 인도네시아 기관에서는 즉시 해고에 처할 수 있는 상황이었다. 이 단체는 이슬람 단체였고, 제도적으로 봤을 때 사분면에서 왼쪽 상단에 위치한다. 사람들은 여기에서 할 수 있는 조치는 단 하나라고 생각했다. 그것은 설교 준비였다. 그들의 반대편에는 예전부터 LGBT(레즈비언, 게이, 바이섹슈얼, 트렌스젠더) 권리에 좀 더 관대한 견해를 지닌 네덜란드 기구가 있다. 이 사람들은 절대로 여기서 인권을 침해할 수 없었다. 네덜란드 사람들은 다음과 같은 믿음, 즉 인권을 지키기 위한 일은 오직 한 가지라는 믿음이 있었다. 그래서 네덜란드의 기부자들은 그들의 인도네시아 협력단체, 즉 수혜자들과 대화를 나눴다. 그것은 결정을 철회하지 않으면 협력을 중단할 것이라는 내용이었다. 이 협력으로 이미 비용이 꽤 들었고 사람들은 오랫동안 집중해서 일을 해왔다. 이제야 결과가 드러나기 시작한 즈음이라는 말도 덧붙였다.

네덜란드 측에서도 긴장 지대가 있음을 느낄 수 있었다. 개발기구 내 주동자들은 직접적인 방법이 최고라 생각했다. 다른 사람들은 대안을 찾기 위해 머리를 쥐어짰다. 이런 상황에서 어떤 방법이 잘 먹힐 것인가? 양극화란 흑백 논리다. 클라스 반 에흐몬트가 제시한 모델을 보면, 진보라는 것이 다른 정의를 갖고 있다는 것을 알 수 있다. 앞으로 나아가는 것은 상대방을 강요하거나 설득하는 것이 아니다. 진보라는 것은 상대방을 중간으로 가게 하는 것이다. 이 과정에서 지속적으로 중요도를 띠는 것은 충성도이다. 우리는 다른 사람을 우리의 영역이나 사고방식으로 끌어들이지 않아야 한다. 우리가 위치한 사분면 안으로 끌어들이지도 않고, 또한 우리가 옳다는 것을 입증하지도 않아야 한다. 그러나 누가 이런 일을 기대할 것인가? 이렇듯 '진보'에 대해 다른 시각을 취하게 되면, 작은 단계를 밟는다는 것이 얼마나 가치 있는 일인지를 깨닫게 된다. 양극화 상황이 되면 오직 상대방을 완전히 굴복시키는 것만이 유일한 승리로 보이게 된다. 주동자가 받아들일 수 있는 결과는 오직 그것뿐이라는 이유로 말이다.

과격화의 원 안에서 조금이라도 움직이면 진보가 촉진된다. 가능한 한 중심으로 이동하는 것이 좋겠지만, 때로는 옆으로 한 걸음만 뗀다고 해도 가능한 일이다. 이 단계는 토론 상대방이 원하는 바가 아닐 수도 있다. 하지만 적어도 첫 번째 단계가 돼줄 것이다. 다양성을 쌓아가는 일은 클라스 반 에흐몬트의 원 안에서 조금이라도 움직일 가능성을 준다는 것과 마찬가지다. 결국 서로를 견디며 중립적인 위치에 머무르는 것도 진보가 된다는 뜻이다. 말할 필요도 없겠지만, 당연하게도 과격화된 상대방은 중간 방향으로 움직일 준비가 돼 있지 않다. 그들에게는 충성도가 부족하다. 그들은 원 밖에 있다. 그러나 원 안에서 타인에게 투자하는 것은 노력할 가치가 있다. 이것은 예방조치가 된다. 과격화를 막을 수 있기 때문이다.

우리가 이런 종류의 토론을 적절하게 이어나갈 수 있다면, 각자가 가진 원칙을 희생하지 않고도 연결된 상태를 유지할 수 있다. 여기서 다루고 있는 예시를 보면, 토론의 주제는 분명하게도 원칙이었다. 몇 번이나 그랬다. 동성애에 관해 토론했지만, 결론은 나지 않았고, 교사 역시 복귀하지 못했다. 하지만 신념에 관한 대화가 오갔고, 결국 개인적인 신앙에서 좀 더 자유로운 해석과 여지를 가질 수 있게 됐다(그래서 사분면에서 오른쪽 위로 이동). 인도네시아 협력사는 오른쪽 상단으로 약간 움직였지만, 어쨌든 원 밖을 빠져나가지는 않았다. 네덜란드 측의 입장에서 봤을 때 이것은 진보이다. 비록 그들이 고군분투해서 얻고자 했던 그러한 상황과는 거리가 멀었지만 말이다. 그러나 이런 성과는 그들이 협력을 단박에 끊어버렸다면 절대로 달성하지 못했을 것이었다.

양극화에서 벗어나기 위해서는 극도의 인내심이 필요하다. 비록 우리는 축지법을 쓰고 싶어 하지만 작은 걸음도 걸음은 걸음이다. 북아일랜드에서는 이 맥락에서 '회복 탄력성'이라는 단어를 차용했다. 북아일랜드에서는 북아일랜드 분쟁 때문에 30년 동안이나 오르락내리락을 반복하는 경험을 했다. 갈등 중재에서 요구되는 한 가지 특성이 있다면, 그것은 인내다. 다루기 힘든 양극화에서는 더욱 그렇다. 관련자가 많아지니 역학관계도 더욱 복잡해진다. 갈등의 경우 우리는 그것을 종종 고립시키거나 따로 분리할 수 있지만, 양극화 상황이 되면 온 세상이 참견한다. 이렇게 되면 인내심을 가져야 한다. 자신이 가진 가치 지향을(일시적으로라도) 배제하거나 차단해야 하기 때문이다. 또 즉각적인 결과를 얻고자 하는 기대치를 조금 낮춰야만 한다. 여기서도 또한 우리가 중립을 지키도록 도와주는 클라스 반 에흐몬트의 모델이 도움이 된다.

안정된 사회에서는 모든 가치 지향이 존중받는다. 각각이 전체를 이루는 필수적인 부분이 되기 때문이다. 네 개의 사분면 중 어느 하나도 그 하나만 가지고 스스로 충분한 역할을 해내지 못한다. 편파성은 문제가 된다. 물론 어떤 사람이 정중앙에 서서 각각의 사분면을 '받아들이는' 것이 이상적이지만 이것은 절대 불가능한 일이다. 이 기적을 혼자서 이루는 것은 우리 운명에 없는 일이다. 그러나 이런 식으로 다른 사람의 기여가 불필요하다고 선언하는 것은 전혀 바람직하지 않을 수도 있다. 우리는 때때로 중간 지점에 접근해 중재함으로써 사람들이 갖고 있는 다양한 세계관과 가치를 인정할 수 있어야 한다. 양극화는 중간 지대를 찾기 위해 노력하고, 그곳에서 진지하게 경청하며, 화자의 중요한 가치를 발견하는 전략을 요구한다. 통속적인 사람과 영적인 사람은 서로 다른 방식으로 생각한다. 누가 봐도 통속적인 과학자들은 상상력이 위축되는 모습을 보이고, 과도한 영성을 가진 사람은 통찰력을 공유하는 것이 불가능하다. 서로가 서로를 필요로 하는 것이다. 과장하는 것은 해를 끼치는 요인이 된다. 그러니까 모든 것이 '과유불급'이다.

나는 지금까지 양극화에 관련해 새롭고도 중요한 접근 방식을 설명했다. 그것은 우리-그들 사고방식이다. 다양성(복잡성)은 실행 가능하고도 흥미로운 목표이다. 다양성 자체가 양극화 해체를 가능하게 한다는 점에는 아무도 이의를 제기하지 않는다. 내 관점에서 보면, 이것은 양극화 전략에서 아주 기본이 되는 원칙이다. 양극화 전략가인 내가 공감을 가지고 경청할 수 있는 능력을 갖고 있다면, 반대에 서 있는 양극은 서로를 존중할 필요가 없다. 그러나 여기에 관련된 당사자들이 얼마나 필요한 존재인지를 계속해서 알게 되면 공감 능력은 점점 커질 수밖에 없다. 포용적인 사회는 그 자체가 정당한 목표가 된다. 이는 차이, 갈등, 양극화와 관련된 문제를 멋들어지게 숨기기 위한 꼬리표가 아닌, 꼭 필요한 조건이 된다. 사회나 일하는 환경이 포용적이면, 갈등과 양극화는 서로를 배제하는 기회가 아닌 오히려 서로를 찾아가는 기회로 작용한다. 다르다는 것은 편파성에서는 정말 반가운 해독제가 아닐 수 없다. 다양성을 좋게 받아들인다면, 그 사회는 좀 더 포용적인 환경이 될 것이다.

새로운 저널리즘을 향해

양극화에 관한 교과서를 보면, 저널리즘의 역할이 중요하게 나온다. 그렇게 다루지 않는다면 우리는 매우 영향력 있는 참여자를 제외하는 것과 다름없다. 그러나 지금까지 일부러 저널리즘에 대한 소개를 피해왔다. 언론은 너무 쉽게 희생양이 될 수 있다는 점 때문이다. 이런 경향은 신중한 분석을 방해한다. "언론이 문제라니까!"라는 말들을 많이 한다. 나의 양극화/과격화, 대화에 관련된 강의를 들을 사람들이 남기는 후기들을 요약하면 이것과 똑같은 말이 많이 등장한다. 그러나 사람들은 언론의 갈못을 지적한 뒤 대개는 더 이상의 자기반성을 생략한다. 저 말은 하기는 쉽지만, 결코 사실이 아니다.

미디어가 양극화에 큰 흔적을 남긴다는 것은 맞는 말이다. 그러나 미디어 없이도 양극화의 역학은 계속해서 움직인다. 미디어는 원인이 아니라 촉매제이기 때문이다. 내가 만든 모델에서 저널리즘은 중립적인 위치에 자리 잡고 있으며, 전문적이고 독립적이며 객관적으로 자기 역할을 한다. 그러나 이 중립적인 위치에 있다는 이유로, 이미 희생양에 딱 맞는 완벽한 후보가 된다. 하지만 이 책에서만큼은 나는 저널리즘에 이 역할을 할당하고 싶지 않다. 그렇게 되면 책임에서 벗어날 수 있게 되기 때문이다.

미디어는 관련자들의 긴장 상태를 반영, 양극화의 극단을 드러낸다. 그래서 그 과정에서 촉매제로 작용한다. 양극화의 압력을 가중시키는 것이다. 그들은 신문 독자, TV 시청자, 라디오 청취자, 소셜 미디어(트위터) 사용자들에게 이런 압력을 가한다. 논쟁이 있을 때는 양측의 얘기를 다 들어봐야 한다는 목소리, 문제의 찬반양론에 귀를 기울이자고 하는 것은 모두 양극화에 연료를 쏟아붓는 일이다. 이것은 언론이라는 직업의 작업 방식에 깊이 뿌리박혀 있다. 주동자의 목소리(연료)가 제일 먼저 방송을 탄다. 때때로 배경 기사, 보도 자료나 다큐멘터리가 중립적일 수도 있고, 회색 지역에 있는 방관자들의 관심사를 따르는 경우도 있다. 그러나 일반적으로 토크쇼나 사설을 볼 때 우리가 주로 접하는 것은 주동자의 날카로운 외침이다. 전통적인 저널리즘에서는 이것이 균형이라는 개념이다. 상반된 양극을 모두 보여주고 대중이 직접 판단을 내리게 한다는 의도다.

기자들은 다양한 목소리를 듣고 그것을 쫓아가기도 하지만, 일반적으로 주동자가 지배하는 양극화의 틀 안에서만 그렇게 한다. 상황에 활기를 불어넣는 것은 주로 주동자들이다. 중도 정당 출신에서 나온 두 명의 후보는 대단한 시청률을 좇는 TV 토크쇼나와 뭔가 대단한 토론을 보여주지 못한다. 끝내주는 TV 프로그램을 만들기 위해서는 그 이상이 필요하다. 그런 면에서라면 양극단에 있는 토론 주자 둘은 가능하다. 미디어는 양극화를 촉진하고, 소셜 미디어의 등장은 그저 촉매 작용을 강화시켰을 뿐이다. 30년 전, 저녁 9시 뉴스는 다음날 모든 사람이 토론할 수 있게 자료를 내주었고 그 연료 때문에 아마도 양극화가 촉진됐을 것이다. 그러나 그때만 해도 이 연료는 하루에 단 한 번만 제공됐다. 그러나 지금은 다르다. 연중무휴 24시간 언제든지 블로그, 브이로그, 트윗 또는 보도 자료라는 이름으로 시도 때도 없이 등장한다. 놀랍게도, 이 와중에 소셜 미디어는 새로운 안선상지로도 작동한다. 방관자들은 이것을 통해 멋지고 가치 있는 소식을 공유할 수 있게 됐기 때문이다. 하지만 다른 한편으로, 소셜 미디어는 주동자와 동조자들이 강경한 언사를 통해 대중의 주목을 끄는 데 쓰는 주요 수단이 되기도 한다.

전통적인 저널리즘은 이런 영향에 대해 고려하지 않았다. 지금은 새로운 미디어가 그만의 역학을 만들며 이를 따라잡고 있다. 그래서 언론인들은 '건설적인 저널리즘' 같은 것을 발전시키기 위해 투쟁하며 노력하게 됐다. 코펜하겐 출신의 카트린 길덴스테드는 《거울에서 행동으로》에서 이를 설명하고 있다. 건설적인 저널리즘에서는 저널리스트가 단지 사회를 비추는 거울일 뿐 아니라 사회를 움직이게 하는 역할도 한다는 것을 시사한다. 명백하게도 저널리스트는 이 움직임을 끌어내는 데 책임이 있다. 전통적인 저널리즘은 모든 사람을 상반된 극(가해자 대 피해자)으로 여기며, 인터뷰 대상 모두를 이 역할에 끼워 넣는다. 미국의 경제 위기를 보면 가해자(부유한 은행가와 이익을 추구했던 리먼브라더스)뿐 아니라 피해자(채권자들에게 압류를 당해 집을 잃게 됐지만, 여전히 대출금을 갚아야 하는 가난한 흑인 여성)도 등장한다.

전통적 저널리즘은 이런 역할에 갇힌 채, 가해자 대 피해자의 맥락만을 제시한다. 그들은 정체성 즉, 부자와 가난한 자에게 꼬리표를 붙여 절망적인 양극화를 조장함으로써 이를 더욱 심화시킨다. 마치 세상에 가해자와 피해자만 있다는 식이다. 양극단만 존재하는 것이다. 마치 여기서 주된 목표는 희생양을 찾는 것으로 보인다. 책임을 묻고 죄를 지은 자에게 손가락질하는 것은 사회의 반사작용이자 언론의 반사작용이기도 하다. 어디서, 왜, 무슨 일이 일어났으며, 누가 책임을 질 것인가? 전통적인 저널리즘은 양극화의 인지적 틀 내에서 각 역할을 5가지로 나누며, 내가 이전에 중재자를 위치시킨 그곳에 객관적 관찰자라는 역할을 놓는다. 그들은 거기에서 양극 사이를 분주하게 오가며 의견을 전달한다. 그러는 동안 양극단은 자신들이 창조해낸 긴장 상황을 마음껏 즐긴다.

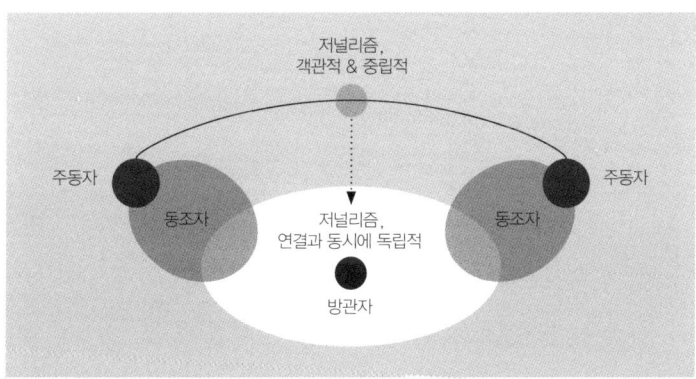

[그림 18] 건설적인 저널리즘과 양극화

다른 직업과 마찬가지로 저널리즘에서 동일한 4인조, 즉 판도를 바꾸는 4요소를 찾는 것은 매우 어려운 일이다. 미래의 건설적인 저널리스트는 양극화된 당사자들 위에서 떠도는 중재자가 아니다. 그들처럼 의도치 않았지만 계속해서 불을 지피는 존재가 아니라는 뜻이다. 이들은 중간에 위치를 잡고 사람들의 말을 경청한다. 이렇게 중재를 잘하는 저널리스트는 네트워크를 잘 형성해 모든 당사자와 연결될 수 있다. 그들이 가진 독립성의 근거이다. 나는 이 미래의 저널리스트가 새로운 태도, 새로운 야망을 가진 채, 객관적이지 않고 연결된 마음을 가질 수 있다고 믿는다. 또 객관성이라는 환상을 벗어나 중재의 위치를 가질 힘을 얻을 것이라고 믿는다. 양극이 만들어내는 소음 외에도 다른 목소리가 있을 수 있다는 사실, 즉 방관자에게도 목소리가 있을 수 있다는 사실을 염두에 두는 것은 정말 중요하다. 방관자들 역시 힘과 중요한 역할이 있으며, 이 또한 사람들에게 보일 자격이 있다. 나는 카트린 길덴스테드와 대화를 나눴고 우리는 둘 다 이 점에 동의했다. 이것은 쉬운 과제는 아니다. 하지만 저널리즘이라는 직접이 계속해서 발전한다면 궁극적으로 이것 역시 양극화 해체에 도움이 될 수 있다. 저널리즘을 완전히 뒤집어엎을 필요는 없다. 그러나 개선은 가능하다. 길덴스테드의 동료들 다수가 원한 것도 이

것이었다. 그들이 기존의 작업 방식을 보완하고, 다른 주제를 탐구하는 것. 다른 위치에서 다른 대상 집단을 놓고 다른 어조, 즉 건설적인 목소리로 일을 하는 것. 이것을 달성할 수만 있다면 모두가 기쁘게 받아들일 것이다. 저널리즘뿐만이 아닌 모든 직업군에서도 역시 양극화를 방지하기 위해 똑같이 4인조가 활약하는 것이 필요하다.

    건설적인 저널리즘은 세상을 바꾼다. 이것은 필요를 충족시키는 것으로 보인다. 길덴스테드는 몇몇 연구 활동에서 자문위원으로 활동했다. 젊은 세대에게 전달되는 메시지는 무엇보다 희망을 제공한다. 또 가해자-피해자 패턴에서 벗어날 수 있게 도와준다. 이런 메시지는 기존 메시지와 균형을 이룰 수 있게 하는, 혁신과도 같다. 이 말은 모든 뉴스가 '좋은 소식 저널리즘'으로, 즉 "독일 동물원에서 북극곰 쌍둥이 탄생. 어미와 새끼들 모두 상태 좋음" 같은 스타일로 바뀌어야 한다는 의미는 아니다. 이것은 관련성 있는 내용을 보도하고, 전통적 저널리즘에서 다룬 주제를 좀 더 공정하게 잘 다루면서도, 한편으로는 주동자의 틀에서 벗어나는 것을 뜻한다. 따라서 미국 금융 위기의 영향에 관한 얘기를 쓸 때는 어깨가 축 처진 채 비닐봉지를 들고 무료 급식소에서 줄을 서서 배급을 기다리는 사람들만 보여주어서는 안 된다. 또 깅

제 회복의 지표로서 3분기에 자동차 판매가 소폭 증가했다는 증거로 대차대조표를 제시해서도 안 된다. 그렇다. 건설적인 저널리즘은 모든 문제에도 불구하고 사람들이 자신의 견해를 지킬 수 있음을 보여주어야 한다. 사람들은 주동자들이 그토록 꼬리표를 매겼지만, 항상 피해자가 되는 것은 아니다. 또 늘 가해자가 되는 것도 아니다. 길덴스테드가 《거울에서 행동으로》에서 썼듯이, "희망을 선사하는 것 또한 저널리스트의 임무." 자세한 예시는 길덴스테드 책과 매우 유망한 연구에서 찾을 수 있을 것이다. 젊은 세대는 조간신문에서 떠드는 우울한 소식을 지긋지긋해한다. 이 부정적인 소음은 어디에도 기여하는 것이 없다. 건설적인 어조가 이것보다 훨씬 더 많은 가치가 있다는 점이 가장 중요하다.

에필로그

　이 지면을 빌려 내 작업에 크게 기여한 한 사람, 한 그룹, 한 기관에 감사의 인사를 전하고 싶다. 한 사람은 파울루 지 캄포스 네투다. 그는 네덜란드 경찰로서, 나와 함께 수년간 같은 것을 믿으며 같이 활동해왔다. 그는 나만큼이나 다양성에 관한 관심 유지, 양극화 해체의 필요성, 중재적인 행동 구축에 관심이 많다. 수년 동안이나 우리는 이 일을 하며 한푼도 벌지 못했다. 우선순위에 놓은 것은 우리의 이상이었고, 그 때문에 우리는 서로를 반복해서 찾아가며 세상을 바꿀 기회를 기다렸다. 함께 문을 두드린 것이다.

파울루는 경찰 업무를 사랑하는 사람으로 단지 원하는 것은 한 가지였다. 그것은 네덜란드 경찰이 헌법 제1조를 위반하지 않으면서 '모든 사람에게 속하고 모든 사람을 위한 조직'이 될 수 있도록 미래를 위해 기여하는 것이다. 여기에 미국과 관련된 조건은 없다! 그가 사람들과 연결되기 위해 사용하는 인내와 기술을 보면 파울루를 존경할 수밖에 없게 된다. 또 그는 내가 가진 경찰에 대한 철학의 가치를 믿고 아무도 듣지 않는 상황 속에서도 이를 지속적으로 추진해나갔다. 그때부터 우리는 소중한 제안을 가지고 수천 명이나 되는 경찰관에게 다가가기 시작했다.

파울루는 파레시아('솔직하게 얘기하다'라는 그리스어) 그룹의 일원이다. 내가 고마워하고 싶은 그룹이 이들이다. 나를 반겨주고, 내 생각을 들어주고, 주의를 기울여주었다. 그들이 비평적 능력과 팀워크를 가지고 있다는 점을 감사하게 생각한다. 모든 것 중에서도 네덜란드 국립 경찰 의제에 양극화를 신속하게 포함시켜준 영향력에 감사드린다. 2015년 파리에서 테러가 일어나고 난민 문제가 TV와 신문을 장식했을 때 우리는 드리베르겐에서 모였다. 그들은 다른 의제는 뒤로 미루고 전국의 모든 경찰과 공유했던 우리-그들 사고에 대한 보고서를 우선순위에 두었다. 우리의 보고서에서 다른 질문은 다음과 같다. '우리-그들 사고방식에서 과연 조직의 역할은 무엇인가?', '양극화에서 인지적 틀을 가장 효과적으로 사용할 수 있는 방법은 무엇인가?', '사회와 올바른 관계를 맺기 위해서, 우리는 다양한 능력을 어떻게 구축할 수 있는가?' 그 후로 네덜란드 전역에 걸쳐 우리의 양극화 인지적 프레임워크 작업이 크게 확산됐다. 저 아래 남부부터 저 위 최북단까지, 로테르담에서 흐로닝언까지, 정보기관부터 시작해 시장, 검사, 경찰청의 '삼각형' 구조까지. 현장에서 근무하는 경찰관들에게까지 모두에게 확산됐다.

파레시아 그룹의 개방성은 아주 특별한 것이다. 개인들이 자신의 이익에만 집중하지 않는다면 아무리 작은 그룹이라도 커다란 성과를 이뤄낼 수 있다는 것을 보여주는 증거가 되기 때문이다. 나는 이것을 이론으로는 이미 알고 있었지만 파레시아 그룹과 함께 작업하면서 그것을 몸소 경험했다. 그러한 팀에 속하게 된 것은 나에게 대단히 멋진 일이었고, 그렇게 될 수 있게 해준 막스 다니엘, 얀 바르트 빌스흐트, 샤리프 압둘 와히드, 알프레드 반 다이크, 모하메드 시니, 마욜라인 돌핀, 홈프리 반 데르 레이, 아르투르 바렌트스, 엘 라마니, 롭 웨스트다이크, 일스 보헬장, 파티마 엘라틱, 파울 반 데르 호브, 자밀 미우센, 윌버트 머

싱크까지 모두 감사드린다.

내가 감사를 표하고 싶은 기관은 네덜란드 경찰청이다. 경찰에서 근무하는 전문가들과 함께 일할 때 가장 좋은 점은, 나를 가장 행복하게 만드는 기술을 만날 수 있다는 점이다. 그것은 반성하는 능력과 결심하고 행동할 수 있는 능력의 조합이다. 가끔 우리는 아주 재빨리 이를 달성했고, 그때마다 나는 기뻤다. 철학은 중요하다. 그러나 그것을 가지고 우리는 무엇을 할 수 있는가? 과학기술은 필요한 것이다. 그러나 우리가 그것을 가지고 무엇을 할 수 있는가? 이론과 실제 사이에서 중심점을 찾는 것은 중요하다. 경찰은 그 중심점을 찾는 데 철저하게 전념하는 조직이다. 경찰은 한 사람과 모든 사람을 다 위하는 조직이어야 한다. 생각과 행동 사이, 좌파와 우파 사이, 많은 것 사이에서 중립적이고 독립적이어야 한다…. 이것은 우리가 원하는 만큼 그렇게 매번 잘 되지는 않는다. 그러나 경찰조직은 중심점을 찾는 기술을 반드시 달성해야 하는 과제로 생각해야 한다. 나는 그러는 와중에도 한편으로는 오스트리아부터 벨기에, 프랑스에서 노르웨이까지 이웃 나라의 경찰 전문가들과 협력을 시작했다. 물론 우리 네덜란드 경찰은 아직 배워야 할 점이 많은 것이 사실이다. 그러나 유럽의 모든 경찰 중에서 '중심점을 찾는 기술'에서는 그 누구보다 타고난 능력이 있다고 생각한다. 그래서 우리 경찰청에 감사를 전하고 싶다. 내가 그들에게 약간이라도 기여할 수 있게 기회를 준 데에 대해, 그들을 통해 얻은 통찰력으로 양극화에 관한 이 책을 쓸 수 있게 된 점을 감사한다.

우리는 왜
극단에 서는가

**우리는
왜
극단에 서는가**

1판 1쇄 인쇄 | 2024년 9월 20일
1판 1쇄 발행 | 2024년 9월 27일

지은이 바르트 브란트스마 옮긴이 안은주
펴낸이 김기옥

경제경영팀장 모민원
기획 편집 변호이 박지선
마케팅 박진모 경영지원 고광현 제작 김형식

표지 디자인 블루노머스
본문 디자인 푸른나무디자인
인쇄·제본 민언프린텍

펴낸곳 한스미디어(한즈미디어(주))
주소 04037 서울시 마포구 양화로 11길 13(서교동, 강원빌딩 5층)
전화 02-707-0337 | 팩스 02-707-0198 | 홈페이지 www.hansmedia.com
출판신고번호 제313-2003-227호 | 신고일자 2003년 6월 25일

ISBN 979-11-93712-46-7 (03340)

책값은 뒤표지에 있습니다.
잘못 만들어진 책은 구입하신 서점에서 교환해드립니다.